“ධම්මෝ හි වාසෙට්ඨා, සෙට්ඨෝ ජනේතස්මිං
දිට්ඨේ චේව ධම්මේ, අභිසම්පරායේ ච.”
වාසෙට්ඨයෙනි, මෙලොවෙහි ත්, පරලොවෙහි ත්
ජනයා අතර ධර්මය ම ශ්‍රේෂ්ඨ වෙයි !

- අග්ගඤ්ඤ සූත්‍රය - භාග්‍යවත් බුදුරජාණන් වහන්සේ

චතුරාර්ය සත්‍යාවබෝධයට ධර්ම දේශනා

දස තථාගත බල

පූජ්‍ය කිරිබත්ගොඩ ඤාණානන්ද ස්වාමීන් වහන්සේ

© සියලුම හිමිකම් ඇවිරිණි.

ISBN : 978-955-687-058-9

ප්‍රථම මුද්‍රණය : ශ්‍රී බු.ව. 2559 ක් වූ පොසොන් මස පුන් පොහෝ දින

සම්පාදනය : මහමෙව්නාව භාවනා අසපුව
වඩුවාව, යටිගල්ඔළුව, පොල්ගහවෙල.
දුර : 037 2244602
info@mahamevnawa.lk | www.mahamevnawa.lk

පරිගණක අකුරු සැකසුම, පිටකවර නිර්මාණය සහ ප්‍රකාශනය :
මහාමේඝ ප්‍රකාශකයෝ
වඩුවාව, යටිගල්ඔළුව, පොල්ගහවෙල.
දුර : 037 2053300, 0773216685
mahameghapublishers@gmail.com

මුද්‍රණය : ලීඩ්ස් ග්‍රැෆික්ස් (පුද්.) සමාගම,
අංක 356 E, පන්නිපිටිය පාර, තලවතුගොඩ.

චතුරාර්ය සත්‍යාවබෝධයට ධර්ම දේශනා....

දස තථාගත බල

අලුත් දහම් වැඩසටහන

2

පූජ්‍ය කිරිබත්ගොඩ ඤාණානන්ද ස්වාමීන් වහන්සේ

විසින් පොල්ගහවෙල මහමෙව්නාව භාවනා අසපුවේ අලුත් දහම් වැඩසටහනේ දී සිදු කළ ධර්ම දේශනා ඇසුරිනි.

මහාමේඝ
MAHAMEGHA

ප්‍රකාශනයකි

පෙළගැස්ම....

නමෝ තස්ස භගවතෝ අරහතෝ සම්මාසම්බුද්ධස්ස
ඒ භාග්‍යවත් අර්හත් සම්මා සම්බුදුරජාණන් වහන්සේට නමස්කාර වේවා!

01.
උදේ වරුවේ ධර්ම දේශනය...

ශ්‍රද්ධාවන්ත පින්වත්නි,

අපි මේ ජීවිතයේ පොඩි කාලේ ඉඳලා ඉස්කෝලෙ යද්දිත් ඒ වගේම පන්සල් ගියහමත් අපි කියනවා "**බුද්ධං සරණං ගච්ඡාමි, ධම්මං සරණං ගච්ඡාමි, සංඝං සරණං ගච්ඡාමි**" කියලා. බුද්ධ දේශනාවේ තියෙන්නේ "**යේ කේචි බුද්ධං සරණං ගතාසේ, න තේ ගමිස්සන්ති අපායං**" යම්කිසි කෙනෙක් බුදුරජාණන් වහන්සේව සරණ ගියා නම් අපායේ යන්නේ නෑ කියලා. ඉතින් එහෙමනම් දැන් කවුරුවත් අපායෙ යන්න විදිහක් නෑ. නමුත් අපිට පේනවා මේ මැරිල පලච්ච අය වැඩිපුර යන්නෙ කොහෙද? අපායෙ. පෙරේතයෝ වෙලා ඇඟවල් වලට වැහිලා කෑ ගහනවා 'පින් දීපිය, කන්න නැත, ඇඳුම් නැත' කිය කිය. එහෙමනම් අර බුද්ධ වචනයත් එක්ක මේ කියාපු වැඩේ ගැලපිලාද? නෑ නෙ.

තෙරුවන් සරණ ගිය කෙනා අපාගත වෙන්නෙ නෑ....

ඒ දේශනාවේ තියෙන්නේ යම්කිසි කෙනෙක් බුදුරජාණන් වහන්සේ සරණ ගියා නම්, ධර්මය සරණ ගියා නම්, ශ්‍රාවක සංඝයා සරණ ගියා නම් අපාගත වෙන්නේ නෑ කියලයි. ඉතින් අපාගත වෙලා නොවැ. ඉතින් මොකක්ද ඒ වුනේ? අපිත් ඉස්කෝලෙ යන කාලේ මේ පොඩි ළමයි තමයි සිල් දෙන්නේ. එතකොට ඉතින් අපිත් බුද්ධං සරණං ගච්ඡාමි කියනවා. අනිත් තැන්වලත් එහෙම කරනවා. නමුත් අපේ විශ්වාස, අපේ ඇදහිලි, ඊට හාත්පසින් වෙනස්.

තමන් සරණ ගියේ කවුද කියලා දන්නෙ නෑ....

අපි සරණ ගිය ඒ බුදුරජාණන් වහන්සේ කවුද කියලා දන්නෙ නැති, ඒ සරණ ගියපු ධර්මය මොකක්ද කියලා දන්නෙ නැති, ඒ සරණ ගියපු ශ්‍රාවක සංඝයා මොන වගේ පිරිසක්ද කියලා දන්නෙ නැති නාමමාත්‍රික බෞද්ධයෝ පිරිසක් තමයි අද ඉන්නේ. අපි නිකම් කටින් බුද්ධං සරණං ගච්ඡාමි කියලා කිව්වට, මේ සරණ කියන එක උච්චාරණය කළ පමණින් පිහිටන එකක් නෙමෙයි. ඒකට සම්බන්ධ වෙන්න ඕනෙ තමන්ගේ හදවත. තමන්ගේ හිත. එහෙම සම්බන්ධ වුනේ නැති වුනහම බුද්ධං සරණං ගච්ඡාමි කියලා මොනතරම් කිව්වත් සරණ නෑ.

ඒ කොහොමද සරණ නෑ කියලා හොයාගන්නේ? ප්‍රශ්නයක් වෙන්න ඕනෙ 'අරකට පලයං' කියපු ගමන් දුවනවා ඒකට. 'මේකත් කරල බලහං' කිව්වම ඒකත් කරනවා. 'අරකත් බලපං' ඒකත් බලනවා. 'මේ දවස්වල ගිරහයන්ට මක් වෙලා ද දන්නෙ නෑ. ගිරහයො ටික

බලපං' ඒකත් බලනවා. එතකොට මේ ඔක්කෝම මැද්දේ මෙයාට තිසරණයේ කැලිවත් තියෙනවද? නෑ.

මැරුණට පස්සේ දුගතියේ....

ඇයි සමහරුන්ට කේන්ති ගියහම කවුරුහරි කියනවා 'ඔහොම කියන්න එපා. ඔහොම හිතන්න එපා. පව් රැස්වෙයි' 'මොන පව්ද?' කියල ඔන්න සැර කරනවා. ඊට පස්සේ කියනවා'අපාගත වෙයි' 'ආ මං නෙ යන්නේ' කියනවාද නැද්ද ඕවා? කියනවා. තිසරණය නෑ. මේ නිසා කාලයක් තිස්සේම අපි බුද්ධං සරණං ගච්ඡාමි කිය කිය ඉඳලා ඉඳලා ඒක දැන් මොකදෝ වෙලා. ඒ කියන්නේ ඒ සරණ වදින්නෙ නෑ හිතට.

ඒ නිසා දැන් අපට තියෙන්නේ මේ සරණ පිහිටන්න එක දෙයක් පාවිච්චි කිරීමයි. මොකක්ද ඒ? බුද්ධිය. බුද්ධිය පාවිච්චි කිරීමේදි අපි නිදහස් පුද්ගලයො හැටියට තමයි බුද්ධිය පාවිච්චි කරන්නේ. කොහොමද ඒ? 'හරි මම සරණ ගිය බුදුරජාණන් වහන්සේ කව්ද? උන්වහන්සේ සරණ යන්න සුදුසු කෙනෙක්ද? ඒ සරණ පිහිටනවද?' කියල බුද්ධිමත්ව විමසීම.

බුද්ධිමත්ව විමසන්න නම්....

එතකොට බුද්ධිමත්ව විමසන්න නම් අපිට බුදුරජාණන් වහන්සේ ගැන දැනගන්න ක්‍රමයක් තියෙන්න ඕන. එහෙම ක්‍රමයක් නැත්නම් අපිට දැනගන්න විදිහක් නෑ. පුද්ගලයෙක් ගැන දැනගන්න නම් ඒ පුද්ගලයා කියපු දේවල්, කරපු දේවල් බලන්න ඕනෙ. එතකොට තමයි ඒ පුද්ගලයා හොඳ කෙනෙක්ද? නරක කෙනෙක්ද?

කරලා තියෙන්නේ බොරුවක්ද? හැබෑවක්ද? කාලයාගේ ඇවෑමෙන් ඔප්පු වෙනවාද නැද්ද ඕනම පුද්ගලයෙක් ගැන?

මේ ලෝකෙ සළුපිළි වසාගෙන කාටවත් ඉන්න බැ හැමදෑම. ඕනම පුද්ගලයෙක් සම්බන්ධයෙන් කාලයාගේ ඇවෑමෙන් ඔප්පු වෙනවා. එතකොට බුදුරජාණන් වහන්සේ ගැනත් දැන් මේ අවුරුදු කීදාහක් ගිහිල්ලද? අවුරුදු දෙදහස් පන්සීයකුත් ඉක්මවා ගිහිල්ලා. එතකොට උන්වහන්සේ ගැනත් අපිට පැහැදිලි සාක්කි තියෙනවා 'උන්වහන්සේ කව්ද? කොහොම කෙනෙක්ද?' කියලා.

ඒ සාක්කි තියෙන්නේ උන්වහන්සේගේ දේශනා තුළයි....

බුදුරජාණන් වහන්සේගේ දේශනා ආශ්‍රයෙන් තමයි අපිට දැනගන්න ලැබෙන්නේ උන්වහන්සේ කව්ද? කියලා. උන්වහන්සේ ප්‍රකාශ කරපු දෙයට තමයි අපි ධර්මය කියල කියන්නේ. ධර්මය කියල කියන්නේ උන්වහන්සේ වදාළ දෙයට. උන්වහන්සේ පැවසූ දෙයට. ඒ ධර්මය විස්තර වෙන්නේ මේ ත්‍රිපිටක පොත් තුළයි.

ඊළඟට 'උන්වහන්සේ ගේ ශ්‍රාවක පිරිස කවුද? මොන වගේද ඒ ශ්‍රාවක පිරිස?' කියලා ඒ ශ්‍රාවක පිරිස ගැන විස්තර වෙන්නෙත් මේ බුද්ධ දේශනා වලමයි. එතකොට යම්කිසි කෙනෙකුට මේ ත්‍රිවිධ රත්නය හඳුනගන්න ඕන නම් 'බුදුරජාණන් වහන්සේ කියන්නේ කව්ද? ධර්මය කියන්නෙ කුමක්ද? ශ්‍රාවක සඟ පිරිස කියන්නෙ කව්ද?' කියලා දැනගන්න ඕන නම් හරී පහසුවෙන් අපිට මේ කාලෙ දැනගන්න පුළුවන් බුද්ධ දේශනා වලින්.

වෙන ක්‍රමයක් නෑ....

වෙන දැනගන්න විදිහක් නෑ. මොකද හේතුව? වෙන ක්‍රමයකින් අපි දැනගන්න ගියොත් ඒ ක්‍රමය සාමාන්‍යයෙන් අපේ හිතේ ස්වභාවයට ගලපගන්න අමාරුයි. අපි මෙහෙම කියමු. අපේ හිතේ පිහිටපු දෙයක් තියෙනවා යම්කිසි දෙයක් විශ්වාස කරගෙන ඉන්දෙද්දී ටික කාලයක් යනකොට ඒ කෙරෙහි තියෙන විශ්වාසය නැතුව යන එක. ඒක අපේ හිතේ තියෙන ස්වභාවයක්. ඒකට කියන්නේ සැකය කියලා.

ඒක ධර්මයේ සඳහන් වෙනවා නීවරණයක් කියලා. නීවරණයක්ය කියන්නේ සිතේ දියුණුව වසාගෙන තියෙන එකක්. එහෙනම් ඒක අපට විතරක් නෙමෙයි තියෙන්නේ. ලෝකයේ ඕනෑම කෙනෙකුට ඒක තියෙනවා. එතකොට මේ සැකය කියන එකෙන් මිදෙන්න ලෝකයේ නොයෙක් උපක්‍රම කරනවා. කොහොමද කරන්නේ?

දෙවියෝ ඔයාව ටෙස්ට් කරනවා....

අපි ගත්තොත් කෙනෙකුට කරදර වෙනවා. කරදර වෙනකොට එයා කියනවා අනේ මම මෙච්චර දෙවියන්ගෙන් ඉල්ලා හිටිනවා පිහිට වෙන්න කියලා. නමුත් මේ කරදර වල ඉවරයක් නැනෙ. එතකොට අනිත් එක්කෙනා කියනවා "නෑ... නෑ... නෑ... දෙවියෝ ඔය කරදර ඔයාට දෙන්නේ ඔයාව ටෙස්ට් කොරන්න. ඔයාගේ හිත වෙනස් වෙනවද බලන්න" දැන් මේ අර සැකයට භාජනය වෙන හිත වංචනික ක්‍රමයට හදනවා. මේවා නෑ බුද්ධ දේශනාවේ. බුද්ධ දේශනාවේ විවෘතව නිදහස්ව බලන්න පුළුවන්. විවෘතව නිදහස්ව බලද්දී අර

සැක කරන්න හේතු පාදක වෙන දේවල් අපේ හිතෙන් නැතුව යනවා.

සැක කරන්න හේතු වෙන දේවල් නැතුව යන්නෙ විමසීමෙන්....

අපි කියමු ඔන්න දැන් කෙනෙක් ගෙදර ඉන්නවා. ඒක ලයිට් නැති ගෙයක්. ටිකක් එහායින් තමයි තියෙන්නෙ වැසිකිළිය. වැසිකිළිය ගාව තියෙනවා කෙහෙල් ගහක්. මේ කෙහෙල් ගහේ අත්තක් හුළඟට පාත්වෙනවා ඉස්සෙනවා. දැන් මෙයා වැසිකිළියට යන්න දොර ගාවට එනවා. 'ආං කව්ද අඬගහනවා. අනේ මට නම් බෑ' කියලා ඔන්න ආයෙ ගෙට යනවා. දැන් තටමගෙන ඉන්නවා. අම්මා අහනවා 'ඇයි බං මක් වුනාද?' එයා කියනවා 'බෑ අම්මේ යන්න අර කව්දෝ අඬ ගහනවා' ඊටපස්සේ අම්මා කියනවා 'නෑ නෑ යමං බලන්න' කියලා හුළු අත්තක් දල්වගෙන එතන්ට ගිහිල්ලා බැලින්නම් මොකක්ද මේ තියෙන්නේ? කෙහෙල් අත්තක් පාත් වෙනවා ඉස්සෙනවා.

එතකොට අර කලින් තිබ්ච්ච සැකයයි බයයි හිතේ ගැස්මයි ඒ ඔක්කෝම නැතුව ගිහිල්ලා එයාට ප්‍රත්‍යක්ෂ දැනුමක් එනවා මේ කෙහෙල් ගහක් නොවැ කියලා. තව එක්කෙනෙක් එනවා. ඇවිල්ලා එයත් වැසිකිළි යන්න ලෑස්ති වෙනකොට අර කෙහෙල් අත්ත පාත්වෙනවා ඉස්සෙනවා. එතකොට කියනවා 'නෑ ඒ අත වනනවා නොවෙයි. කෙහෙල් ගසක අත්තක් පාත්වෙනවා ඉස්සෙනවා' දැන් සැකයට ඉඩක් තියෙයිද? සැකයට ඉඩ තිබුනේ නොවිමසනකම්. ඒකෙ ස්වභාවය නොදකිනකම්. එතකොට තමයි 'මේක හරියයිද? වරදියි ද? මෙහෙම වෙයිද? අරම වෙයිද?' කියලා කල්පනා කරන්නේ.

සරණ නොපිහිටියොත් මැරෙන්න වෙන්නේ සැක සහිත සිතින්....

මේ නිසා මේ සැකයෙන් අත්මිදිලා මේ ධර්මය කෙරෙහි හිත පහදවගෙන ඉන්න තියෙනවා නම් ඒක තමයි සරණ පිහිටන්න උපකාර වෙන ප්‍රධානම දේ. එහෙම කල්පනා කිරීමට උපකාර වන දැනුමක් අපි ලබාගත්තෙ නැත්නම් අපිට සරණ පිහිටන්නෙ නැතුව යනවා. සරණ නොපිහිටියොත් ඊට පස්සේ අපිට මැරෙන්න වෙන්නේ අර සැක සහිත සිතින්මයි. සැක සහිත කාලක්‍රියාවක්. ඇයි කිසි යථාර්ථයක් ගැන සත්‍යයක් ගැන හිත නොපිහිටපු ජීවිතයක් තමයි පවත්වන්න වෙන්නේ. ඉතින් එහෙම කෙනෙකුට බාහිර දෙයක් ගැන කල්පනා කරන්න දෙයක් නෑ. තමන්ගේ තියෙන දේවල් ටික විතරයි.

බුදුරජාණන් වහන්සේ කිසි දෙයක් සඟවලා නෑ....

ඉතින් ඒ නිසා ඒ සැකයෙන් අත් මිදෙන්න අපට උපකාර වන ප්‍රධාන දෙයක් තමයි 'බුදුරජාණන් වහන්සේ කියන්නේ කව්ද? මොන වගේ කෙනෙක්ද?' කියලා තේරුම් ගන්න එක. මේ බුද්ධ දේශනා කියවද්දි අපි උන්වහන්සේට ගොඩාක්ම ණයගැති වෙන්නේ එක දෙයකට. ඒ තමයි ඒ දේශනා හොඳට නුවණින් කල්පනා කරලා බැලුවොත් පේනවා, උන්වහන්සේ කිසි දෙයක් සඟවලා නෑ. උන්වහන්සේ සඟවලා නෑ කිව්වේ මෙහෙමයි. අපි ගමු මේ කාලෙ නම් දැන් තියෙනවා පුරාවිද්‍යාව කියලා විෂයක්. ඒකෙන් ඕනම පරණ දෙයක් තිබ්බොත් ඒවා කැණීම් කරලා බලලා, ඒවා මෙහෙම මෙහෙම පරණයි කියලා විස්තර කරනවා.

ඕන නම් මේවා ගැන නොකියා ඉන්න තිබුනා....

දැන් බුදුරජාණන් වහන්සේ පහළ වෙච්ච කාලේ එහෙම විෂයක් අතීතය ගැන තිබුනෙ නෑ. කිසි දෙයක් දන්නෙ නෑ. අතීතය ගැන කව්රුත් දැනගෙන හිටියේ අර වේද පොත් වල තියෙන කතන්දර ටික විතරයි. එහෙම ලෝකයක් තුළ බුදුරජාණන් වහන්සේට උවමනා නම් සක්විති රජවරු ගැන නොකියා ඉන්න තිබුනද නැද්ද? 'මේ මිනිස්සුන්ට ඕන නෑ මේ සක්විති රජවරු ගැන' කියලා නොකියා ඉන්න තිබුනා නේද?

එතකොට පසේ බුදුවරු ගැන නොකියා ඉන්න තිබුනා නේද? අතීතයේත් බුදුරජාණන් වහන්සේලා හිටියා කියලා නොකියා ඉන්න තිබුනා නේද? ඇයි තමන් විතරක් නම් ස්පෙෂල්, අතීතයේත් බුදුවරු හිටියා කියලා නොකියා ඉන්න තිබුනා නේද? අනාගතයේ බුදුකෙනෙක් පහළ වෙනවා කියලා නොකියා ඉන්න තිබුනා නේද? මමයි එකම එක්කෙනා කියලා කියන්න තිබුනා නේද? ඇයි කව්ද දන්නෙ මිනිස්සු? කව්රුවත් දන්නෙ නෑනෙ.

මමයි වන් ඇන්ඩ් ඔන්ලි....

එතකොට ඒ බුදුරජාණන් වහන්සේ තමයි දේශනා කළේ අතීතයේ සක්විති රජවරු කියලා රජවරු කොටසක් හිටියා. ඒගොල්ලන්ටත් මහාපුරුෂ ලක්ෂණ තිස්දෙකක් තිබුනා. උන්වහන්සේට කියන්න තිබුනෙ නැද්ද 'මේ බලන්න මහාපුරුෂ ලක්ෂණ තිස්දෙක මට විතරයි. මමයි වන් ඇන්ඩ් ඔන්ලි' කියන්න තිබුනද? නැද්ද? කියන්න තිබුනනෙ. එහෙම මුකුත් කිව්වද? නෑ.

එතකොට බලන්න උන්වහන්සේ එහෙනම් හැමතිස්සේම පෙන්නන්න මහන්සි ගත්තෙ මොකක්ද? ඇත්තක්. ඇත්තක් පෙන්නන්න මහන්සි ගත්තේ.

ඒ ඇත්තක් පෙන්නන්න උන්වහන්සේ මහන්සි ගත්තේ උන්වහන්සේට බොරුවකින් ප්‍රයෝජන නැති නිසා. රැවටීමකින් ප්‍රයෝජන නැති නිසා. සාමාන්‍යයෙන් බොරුවකින් රැවටීමකින් ප්‍රයෝජන තියෙන්නේ මොන වගේ අයටද? ලාභ සත්කාරයට ආසා අයට. ලාභ සත්කාර කීර්ති ප්‍රශංසා වලට ආස අයට නම් බොරුවලින්, වංචා වලින්, රැවටීම් වලින්, ඕනතරම් පොරෝජනේ තියෙනවා.

ලාභ සත්කාරත් එක්ක එකතු වුනේ නෑ....

නමුත් උන්වහන්සේ බෝධිසත්ව කාලෙම, බුද්ධත්වයට පත්වෙන්න කලින් රාත්‍රියේ හීන පහක් දැක්කා. ඒ හීන පහෙන් එකක් තමයි අසූචි කන්දක්, බෙටි කන්දක් තියෙනවා. මේ අසූචි කන්දේ, මේ බෙටි ගොඩේ උන්වහන්සේ සක්මන් කරනවා පේනවා හීනෙන්. හැබැයි මේ ජරාව ගෑවෙන්නෙ නෑ. උන්වහන්සේ පස්සෙ කාලෙ කියනවා "මහණෙනි, මං මෙහෙම හීනයක් දැක්කා. මං මේ හීනෙ තෝරගත්තා. මේ ලාභ සත්කාර කීර්ති ප්‍රශංසා කියන්නේ බෙටි, අසූචි. මේවා තැවරෙන්නෙ නෑ මගේ ජීවිතේට කිව්වා.

අන්න ඒවා තැවරිච්ච ගමන් තමයි බොරුව ඕන ඒක පවත්වන්න. වංචාව ඕනෙ. තමන්ට ලකුණු දාගන්න ඕනෙ 'මට විතරක් සලකපං. මගේ ඥාණෙ විතරයි ඥාණෙ. මගේ අවබෝධය තමයි අවබෝධය. මගේ පැත්ත විතරක් බලාපං' ඒවා ඕනෙ අර ලාභ සත්කාරත්

එක්ක තියෙන ගණුදෙනුවටයි. ලාභසත්කාර එක්ක ඒ ගනුදෙනුව නැත්නම් එහෙම එකක් නෑ. බුදුරජාණන් වහන්සේ ඒ ලාභ සත්කාර අසූචි හැටියට සලකලා, ඒ ලාභසත්කාරයට නොඇලී වැඩ සිටියා.

ඔය අසූචි සැපය මට නම් එපා....

එක තැනක තියෙනවා ඒ කාලේ ඔය නාගිත කියලා භික්ෂුවක් උන්වහන්සේට උපස්ථාන කළේ. දායක පිරිසක් ඇවිල්ලා දානෙ දෙන්න. එවෙලේ ඒ ගොල්ලෝ එළියේ ඉඳගෙන කතාබස් කරද්දී මහා ඝෝෂාවක් ඇතිවුනා. එතකොට බුදුරජාණන් වහන්සේ නාගිත හාමුදුරුවන්ගෙන් අහනවා "නාගිතයෙනි, කවුද අර මාළු අල්ලන මිනිස්සු වගේ කෑගහන්නේ?" "ස්වාමීනී, දානෙ දෙන්න ආපු කට්ටියක්" කියනවා. "නාගිතයෙනි, ඔය ලාභ සත්කාරයෙන් ලැබෙන අසූචි සැපය (ඒක මොන සැපයද? අසූචි සැපය) ඕක ඉතින් සමාධියක් නැති කාල නිදාගෙන පෙරලිලා ඉන්න කෙනෙකුට නම් ඕක හොඳයි. මට නම් එපා" කියනවා.

තථාගත දසබල....

එතකොට බලන්න උන්වහන්සේගේ කල්පනාවේ ස්වභාවය. ගයාවේ නේරංජරා ගඟ අසබඩ බෝ සෙවනෙදි තමයි උන්වහන්සේගේ ජීවිතය ඒ විදිහට පරිවර්තනය වුනේ. කොහොම පරිවර්තනය වුනාද කියන්නේ ගුරූපදේශ නැතිව සම්මා සම්බුදු කෙනෙක් බවටම පත්වුනා. එතකොට උන්වහන්සේට පිහිටියා ඤාණබල දහයක්. ඒවට කියන්නේ දසබල තථාගත ඤාණ. තථාගත දසබල. ඒ දසබල වලින් හයක් මං ගිය වතාවේ කියල

දුන්නා. මං ඒවා කෙටියෙන් කියා දෙනවා ආපහු අදත්. මොකද අලුත් අය ඉන්න නිසා.

බුදුරජාණන් වහන්සේට තියෙනවා භය නැති කමක්. සාමාන්‍යයෙන් අපිට නම් භයක් ඇති වුනාම අපි බුදුරජාණන් වහන්සේව සිහි කරනවා. ඊළඟට උන්වහන්සේ දේශනා කරනවා භයක් ඇති වුනාට පස්සේ එක්කෝ ධර්මය සිහි කරන්න කිව්වා. එහෙම නැත්නම් භයක් ඇති වුනාම සංඝයා සිහි කරන්න කිව්වා. බුදුරජාණන් වහන්සේට භයක් ඇති වෙන්නෙ නෑ. ඒකට කියනවා **"ආසභං ඨානං පටිජානාති"** නිර්භය තැනක ඉන්නවා කියලා ප්‍රතිඥා දෙනවා. උන්වහන්සේට භයක් තැතිගැනීමක් මුකුත් හටගන්නෙ නෑ.

භයක් තැති ගැනීමක් හටගන්නෙ නැත්තේ ඒ ගැන තියෙන අවබෝධය නිසා....

අපි ගමු සාමාන්‍ය උදාහරණයක්. වාහනයක් කැඩෙනවා. ගැරේජ් බාස් කෙනෙක් ගාවට වාහනය ගෙනියනවා. ගැරේජ් බාසුන්නැහේ සම්පූර්ණයෙන්ම දන්නවානම් මේ වාහනේ කෑලි ගැන, ඒ පාර්ට්ස් තියෙන තැන්, ඒවා වැඩ කරන හැටි, ඒ වාහනේ ගෙනිහිල්ල අපි කිව්වොත් බාසුන්නැහේ මේ වාහනේ මෙහෙම ප්‍රශ්නයක් තියෙනවා කියල, එතකොට ඒ බාසුන්නැහේට බයක් තැතිගැනීමක් හටගන්නවද? නෑ. ඒ මොකද හේතුව? ඒ වාහනේ තියෙන කෑලි විස්තරේ 'මේකෙ මේ ප්‍රශ්නෙ වෙලා තියෙන්නේ, මෙතන මේ ප්‍රශ්නෙ වෙලා තියෙන්නේ' කියලා ඔක්කොම එයා දන්න නිසා. ආයේ පොත් පෙරළ පෙරළ, පොඩ්ඩක් ඉන්න කියල පොත් පෙරලන්න ඕනිද? නෑ.

ආනන්ද ඒ වගේ බුදුරජාණන්වහන්සේට මේ දසබල ඤාණයන්ගෙන් මේ ලෝකෙ ගැන පරිපූර්ණ දැනුමක් තියෙන නිසා, උන්වහන්සේට භයක් තැතිගැනීමක් හටගන්නේ නෑ. මේවා විස්තර වශයෙන් ඉගෙන ගනිද්දී තමයි ඔබට තේරෙන්නේ 'ආ මේ නම් සරණ යන්න සුදුසුම කෙනෙක් තමයි' කියලා. ලෝකයේ අනෙක් ශාස්තෘවරුන් එක්කත් ගලපලා බලන්න ඕන නම්. කව්රුවත් නෑ ළංවෙන්නවත්. අහලකට ගන්න කෙනෙක් නෑ.

වියහැකි දේ, නොවිය හැකි දේ....

ඉතින් පළවෙනි ඤාණය තමයි එදා අපි කිව්වා. 'විය හැකි දේත් විය නොහැකි දේත් ඒ අයුරින්ම දන්නා ඤාණය. ඒකෙ උන්වහන්සේ ගොඩාක් විස්තර කරල දීලා තියෙනවා, විය හැකි දේත් විය නොහැකි දේත්. වියහැකි දේ තමයි මේ දසදහසක් සක්වල එක බුදුකෙනයි එක අවස්ථාවකදී පහල වෙන්නෙ. ඒක විය හැකි දේ. බුදුවරු දෙන්නෙක් පහල වෙන්නෙ නෑ. එහෙනම් බුදුවරු දෙන්නෙක් පහළ වෙනවා කියන එක විය නොහැකි දෙයක්. එතකොට වියහැකි දේ තමයි එක්කෙනයි පහළ වෙන්නෙ.

දැන් බලන්න මේවා ලෝකෙ වෙන කව්ද දන්නේ දසදහසක් සක්වලක් ගැන? දැන් ඔය නාසා ආයතනයෙන් එහෙන් මෙහෙන් ඔය කෑලි යවල පොඩි පොඩි ග්‍රහලෝක අරගෙන අරක මේකයි, මේක මේකයි කියල දැන් කියෝ කියෝ ඉන්නව නේද? ඒ කාලේ මොනවද දන්නේ? එතකොට උන්වහන්සේ තමයි දේශනා කළේ මේ ලෝකයේ බුදු වෙන්නෙ පුරුෂයෙක් කියලා. ස්ත්‍රියක් බුදුබව ලබන්නේ නෑ කිව්වා.

ස්ත්‍රියක් වුනත් කාමයන් කෙරෙහි නොඇලී සිටියොත්....

ඊළඟට බ්‍රහ්මයා වෙන්නෙ පුරුෂයෙක් කිව්වා. අපි කිව්වොත් මේ ආත්මයේ ස්ත්‍රියක් කාමයන් කෙරෙහි විරාගීව, නොඇලී, ද්වේශ රහිත සිතකින්, සමාධියක් වඩලා, අපි ගත්තොත් පළවෙනි ධ්‍යානය උපද්දවාගෙන වාසය කළා කියල ස්ත්‍රියක්, මරණින් මත්තේ කොහෙද උපදින්නේ? බ්‍රහ්මලෝකෙ උපදින්නේ. බ්‍රහ්මලෝකෙ උපදින්නේ බ්‍රහ්මයෙක් වෙලා. එතකොට බ්‍රහ්මයෙක්. එයා පුරුෂයෙක්. බුදුරජාණන් වහන්සේ දේශනා කරනවා, පුරුෂයෙක් බ්‍රහ්මයෙක් වෙන්නෙ, ස්ත්‍රියක් නෙමෙයි කියනවා. මේ කියන්නේ කාගෙවත් වුවමනාවට වෙන එකක් නෙමෙයි. ඒක තමයි ඒකෙ තියෙන ස්වභාවය.

මාරයාගේ අක්කා නම් වෙන්න පුළුවනි....

ඊළඟට බුදුරජාණන් වහන්සේ දේශනා කරනවා ස්ත්‍රියක් ශක්‍රයා වෙන්නෙ නෑ කියලා. අපි කියමු ස්ත්‍රියක් පින්දහම් කරනවා කියලා. පින්දහම් කරලා ඊළඟ ආත්මේ සක් දෙවිඳු වෙනවා. එතකොට කව්ද එයා? පුරුෂයෙක්. ස්ත්‍රියක් මාරයෙක් වෙන්නෙ නෑ කියනවා. මාරයාගේ අක්කා නම් වෙන්න පුළුවනි. ඇයි අර මාරතජ්ජනීය සූත්‍රයේ තියෙන්නේ. මාරතජ්ජනීය සූත්‍රයේදී මුගලන් මහරහතන් වහන්සේ මාරයාට කියනවා 'දූසී මාරයා වෙලා මං හිටිය ඉස්සර, ඒ කාලේ මයෙ අක්කගේ පුතා උඹ' කියනවා. එතකොට බලන්න අක්ක නම් වෙතහැකි. ස්ත්‍රියක් මාරයෙක් වෙන්නෙ නෑ. ඒ මොකද්ද ඒ? ඒකෙ තියෙන ස්වභාවය.

පවෙන් දුගතිය.... පිනෙන් සුගතිය....

ඊළගට බුදුරජාණන් වහන්සේ ලස්සනට විස්තර කරනවා යම්කිසි කෙනෙක් කයින් වචනයෙන් මනසින් පින් කරනවා. පින් කිරීම හේතුවෙන් දුගතියේ උපදින්නේ නෑ කියනවා. උපදින්නේ කොහෙද? සුගතියේ. කයින් වචනයෙන් මනසින් පව් කරනවා. පව් කිරීම හේතුවෙන් දුගතියේ උපදිනවා, සුගතියේ උපදින්නේ නෑ කියනවා.

ඊළගට කයින් වචනයෙන් මනසින් පින් කිරීම නිසා, එයාට කවදාවත් මට මෙයින් දුක් විපාක ලැබේවා කියන එක වෙන්නේ නෑ කියනවා. සැප විපාක ලැබෙන එක තමයි වෙන්නේ. මේ වගේ විස්තර බුදුරජාණන් වහන්සේ වියහැකි බව, නොවියහැකි බව පෙන්වා දෙනවා. ඒ පෙන්වා දීමත් එක්ක මනුස්සයෙකුට බොහොම පහසුවෙන් තමන්ට වුවමනා ගමන තෝර ගන්න පුළුවන්. සැකයක් හිටින්නේ නෑ. ඒ මොකද හේතුව? බුදුරජාණන් වහන්සේ "**ඨානඤ්ච ඨානතෝ අට්ඨානඤ්ච අට්ඨාන තෝ යථාභූතං පජානාති**" විය හැකි දේ විය හැකි බවත් විය නොහැකි දේ විය නොහැකි බවත් ඒ අයුරින්ම දන්නවා. ඒ අයුරින්ම දැනගෙන උන්වහන්සේ දේශනා කරද්දී සැක හිතන්න දෙයක් මේකෙ නෑ.

කර්ම විපාක දෙන හැටි දන්නවා....

දෙවෙනි තථාගත බලය බුදුරජාණන් වහන්සේ දේශනා කරනවා "**අතීතානාගතපච්චුප්පන්නානං කම්මසමාදානානං ඨානසෝ හේතුසෝ විපාකං යථාභූතං පජානාති**" අතීත අනාගත වර්තමාන කර්මයන් සමාදන් වෙනවා කියන්නේ කර්ම කරනවා. මේ කර්මයන්ගේ

විපාක තැන් වශයෙන් හේතු වශයෙන් ඒ අයුරින්ම දැනග න්නවා.

දවසක් මුගලන් මහරහතන් වහන්සේ ලක්ඛණ මහ රහතන් වහන්සේත් සමග ගිජ්ඣකූටෙන් පහලට වඩිනවා. වඩිනකොට දැක්කා යොදුන් ගාණක් විශාල මහා පෙරේත දණ්ඩෙක්. ඒ පෙරේතයගේ විශාල දිවක්. දිව මෙහෙම පහළට ඇදගෙන ඉන්නවා. මොකද කටට ගන්න බෑ දිව දිවේ පණුවෝ සිලි සිලි ගාලා. පණුවෝ කනව දිව. බැගෑ හඬින් පෙරේතයා කෑ ගගහ දුවනවා. විශාල ඇඟක් තියෙන පෙරේත දණ්ඩෙක්.

අපමණ දුක් දෙයි සතර අපායේ....

මුගලන් මහ රහතන් වහන්සේට මේක දැකල 'අනේ මේ කර්මයේ හැටි මේ සත්වයාගේ' කියල සිනහ පහළ වුනා. බුදුරජාණන් වහන්සේ ගාවට ගිහින් මේ කාරණේ සැල කරනවා. ඔන්න බලන්න අතීතය ගැන ඥාණය වැඩ කරන හැටි. උන්වහන්සේ දේශනා කරනවා "මහණෙනි, ඔය භික්ෂුවක්. ඔය තමන් වපුරා ගත්තු දේ" කියනවා. ඉතින් භික්ෂූන් වහන්සේලා කැමති වෙනවා මොකක්ද මේ භික්ෂුවකට වෙච්ච විපැත්තිය කියලා අහගන්න.

කාශ්‍යප බුද්ධ කාලේ ධර්ම කථික භික්ෂුවක්....

බුදුරජාණන් වහන්සේ දේශනා කරනවා "කාශ්‍යප බුද්ධ කාලේ කෙනෙක් ඔය. (දැන් බලන්න කොච්චර අතීතයකට මොහොතකින් යනවද) කාශ්‍යප බුද්ධකාලේ

සහෝදර භික්ෂූන් වහන්සේලා දෙනමක් හිටියා. සහෝදර කියල කියන්නේ එක පවුලේ නෙමෙයි. එකට පැවිදි වෙච්ච. එක නමක් එක වසකින් වැඩිමල්. අනික් නම එක වසකින් බාලයි. අවුරුද්දකින් බාලයි.

එතකොට අර අවුරුද්දකින් බාල භික්ෂුව, අර අවුරුද්දකින් වැඩිමහල් භික්ෂුවට ගුරුවරයාට වගේ සලකනවා. දැන් අපි කියමු මෙහෙම. වැඩිමහල් භික්ෂුවට වස් හැටයි කියමු. එතකොට බාල භික්ෂුවට වස් පනස් නවයයි. මේ දෙනම බොහොම පහසුවෙන් සුවසේ පිටිසරබද පුංචි ආවාසයක වාසය කළා. එතකොට මේ ආවාසෙට හැඩට බණ කියන්න පුළුවන් ධර්ම කථික භික්ෂුවක් වැඩියා.

ලාභසත්කාර වලට ආසා හිතුනා....

දැන් පිණ්ඩපාතෙ වැඩියහම මිනිස්සු ප්‍රණීතව දානේ දෙනවා. බොහෝම හොඳට මිනිස්සු වැඳලා පුදලා සලකනවා. මේ ඔක්කෝම දැකල මේ ආගන්තුක භික්ෂුව කල්පනා කළා "ෂා.... මෙතන හරි අපූරු තැනක්නේ. හොඳට කන්න බොන්න හම්බ වෙනවා. මිනිස්සුත් හොඳට සලකනවා. වතුරත් තියෙනවා. හෙවනත් තියෙනවා. නමුත් ඉතින් මෙතන හිටියොත් දිගටම මට ඉන්න වෙන්නෙ මේ දෙන්නාගේ යටතේ. මේ දෙන්නා යවාගත්තොත් හරි" ඔන්න හටගත්තා කෙලෙස්. කෙලෙස් හට ගන්න මුල් වුනේ මොකක්ද එතකොට? ලාභ සත්කාර. ලාභ සත්කාර මුල් කරගෙන ඔන්න කෙලෙස් හට ගත්තා. හටඅරන් ඔන්න උපාය කල්පනා කරනවා.

මෙන්න කේළම් කියන හැටි....

දැන් ඉතින් ඔන්න වැඩිමහලු භික්ෂුව තනි වෙනකම් ඉඳලා මෙයා හෙමිහිට කිට්ටු උනා. කිට්ටු වෙලා වැඳලා කියනවා. 'ස්වාමීනි, මම මේ ඔබවහන්සේට කාරණාවක් කියන්න' 'මොකද්ද?' 'නෑ එක්කෝ ඕනි නෑ' එහෙමනේ කේළම් කියන අය කේළම කියන්නේ. දැන් ආයෙ කියන්න හදනවා. 'මම මේ කියන්න ආවේ' 'මොකක්ද මොකක්ද කියන්න කියන්න' 'නෑ ඕන නෑ ඒක' එතකොට මොකක්ද වෙන්නෙ අර අහන් ඉන්න එක්කෙනාට? උනන්දුවක් ඇතිවෙනවා.

දැන් අපිට කව්රුහරි කිව්වොත් 'මේ කාරණාවක් කියන්න යන්නේ. නෑ ඕන නෑ' කිව්වොත්, 'කියාපිය කියාපිය' කියල අපි තරවටු කරන්නේ නැද්ද? ආන්න එහෙම වුනා. 'කියන්න කියන්න ආයුෂ්මතුන්, කිසි ප්‍රශ්නයක් නෑ' කිව්වා. ඊට පස්සේ මෙය කියනවා. 'නෑ ඉතින් මම මේක කියලා මට ප්‍රශ්නයක් වෙයිද මන්ද?' 'නෑ නෑ ඔබවහන්සේට කිසී ප්‍රශ්නයක් නෑ. කියන්න' කිව්වා.

ඔබවහන්සේගෙන් පරිස්සම් වෙන්න කිව්වා....

දැන් බලන්න ඒ කේළම කියන්න යන විදිය? ගිහිල්ලා කියනවා. 'නෑ... මේ... අර ස්වාමීන්වහන්සේ... මට කිව්වා... ඔබ වහන්සේගෙන් පරිස්සම් වෙන්න කියලා' 'ඇ.... එහෙම කිව්වා...? මං නම් හිතන්නෙ නෑ එහෙම එකක් කියයි කියලා' 'ඒකනේ ස්වාමීනී, මම මේ නොකිය

නොකිය හිටියේ. මට කීපවිඩක් කිව්වා ඔබවහන්සේගෙන් පරිස්සම් වෙන්න කියලා' ඊට පස්සේ ඒ වැඩිමල් ස්වාමීන් වහන්සේ ඔන්න නිශ්ශබ්ද වුනා. ඒ කියන්නේ හිතට සැකය ගියා.

ඊට පස්සේ මෙයා හිමීට අනිත් ස්වාමීන් වහන්සේ ඉන්න තැනට යනවා 'මේ කාරණාවක් කියන්න මම ටික දවසක ඉඳලා හිතන් හිටියා. කියාගන්න බැරුව මම මේ ඉන්නේ' කියනවා. 'ඇයි?' කියල ඇහැව්වා. 'නෑ එක්කෝ ඕන නෑ ඒක' දැන් එතකොට ආයෙත් අරයට උනන්දුවක් ඇති වෙනවා. ඔන්න කේළම් කියන ක්‍රමේ. කියනවා 'මම මේ කියන්නමයි හිටියේ. නමුත් කොහොමද කියන්නේ මුණ බලාගෙන' 'නෑ නෑ කියන්න කියන්න' කියනවා. ඊට පස්සේ කිව්වා 'ලොකු ස්වාමීන් වහන්සේ කිව්වා ඔබවහන්සේගෙන් පරිස්සම් වෙන්නෙයි කියලා' 'එහෙම කිව්වා....?' ඕන්න ගියා ඔලුවට.

මං දැන් දන්නවා තමුසෙගෙ හැටි....

පහුවදා පිණ්ඩපාතේ වැඩලා බාල ස්වාමීන් වහන්සේ වේලාසනින් දාන ශාලාවට වැඩියා. දැන් ඔන්න ටිකක් වෙලා යනකොට අර වයසක ස්වාමීන් වහන්සේ වඩිනවා. අර බාල ස්වාමීන් වහන්සේ කල්පනා කලා 'දැන් මම මොකද කරන්නෙ? අද මම වත් කරනවාද නැද්ද? නෑ... මම වත් කරනවා. ඕන එකක්... කමක් නෑ' කියල ගියා. ගිහිල්ලා 'ස්වාමීනී, පාත්තරේ දෙන්න' 'දෙන්න... පාත්තරේ... මම දැන් දන්නවා තමුසෙගෙ හැටි' කියලා කිව්වා. 'මොකක්ද ස්වාමීනී?' 'දැන් මාත් එක්ක ඕවා කථා කරන්න එපා' ඔන්න බිඳුනා.

උපක්‍රමය සාර්ථක වුනා....

බාල ස්වාමීන් වහන්සේ කිව්වා 'ඔබවහන්සේ මෙහෙම සැක කරනවා නම් මට මෙහේ ඉන්න බෑ. මම යනවා මෙහෙන් යන්න' කියල පාත්තරේ ගත්තා, උතුරු පැත්තෙන් ගියා. අනිත් ස්වාමීන් වහන්සේත් බැලුවා. දැන් පාළුයි, දකුණු පැත්තෙන් පිටත්වෙලා ගියා. යන්න ඉස්සෙල්ලා අරයා මැදිහත් වෙනවා දැන් 'හා හා ස්වාමීනී, කලබල වෙන්න එපා. ඔබවහන්සේලා එහෙම සණ්ඩු සරුවල් කරගන්න එපා. (දැන් මේ අවුලපු එක්කෙනා කියන්නේ) සමගියෙන් වැඩ කොරන්න' හිත ඇතුලේ තියෙන්නෙ මොකක්ද? 'පලයං... දාලා පල...' කියලා. 'නෑ නෑ ආයුෂ්මතුනි, මේක අපි දෙන්නගේ ප්‍රශ්නයක්. අපි විසඳගන්නම්' කියල දෙන්න පිටත් වෙලා ගියා.

කොයි කාලෙත් ලෝකෙ ස්වභාවය නම් එකයි....

දැන් දානෙට වඩිනකොට මේ නම විතරයි. මිනිස්සු අහනවා 'ඇයි ස්වාමීනී, අර අපේ ස්වාමීන් වහන්සේලා දෙනමට මොකද වුනේ?' 'අනේ මොන දෙනමක්ද? එළිවෙනකං රණ්ඩු නොවැ. මම හරියට මහන්සි වුනා මේ දෙන්නගේ රණ්ඩු දබර නවත්තන්න. කොහේ නැවැත්තිල්ලක්ද මම බණ කිව්වා කිව්වා අහන්නේ නෑ. ඔන්න ගියා සණ්ඩු අල්ලගෙන' කියලා කිව්වා.

මේ මේ කාලේ නෙමෙයි. කාශ්‍යප බුද්ධ කාලේ. කොයි කාලෙත් ලෝකයේ ස්වභාවය නම් එකයි නේද? ඊට පස්සේ අවුරුදු සීයක් ඒ ස්වාමීන් වහන්සේලා දෙනම දෙන්නට දෙන්නා දැක්කේ නෑ. එතකම් කවුද හිටියේ අර

ආවාසේ? අරය තමයි දැන් නායක හාමුදුරුවෝ. දැන් ඉතින් බණ දහම් කියාගෙන ඉන්නවා. හොඳට කියනවා ඇති පටිච්චසමුප්පාදෙ එහෙම.

අවුරුදු සීයකට පස්සේ ආයෙ හම්බ වුනා....

දවසක් අර වැඩිහිටි ස්වාමීන් වහන්සේ එක්තරා ආවාසෙකට ගිහිල්ල වැඩ ඉන්නවා. අහම්බෙන් අර බාල ස්වාමීන් වහන්සේත් එතනට වැඩියා. අවුරුදු කීයකට පස්සෙද? සීයකට පස්සේ. වැඩියහම ඒ වැඩිහිටි ස්වාමීන් වහන්සේට අර බාල ස්වාමීන් වහන්සේ දැකලා දුක හිතිලා ඇඬුනා. ඇඬිලා අහක බලා ගත්තා.

එතකොට බාල ස්වාමීන් වහන්සේ කල්පනා කලා 'මොනවා වුනත් මට වැඩිමල්නේ. මම උපස්ථාන කරානේ. මම කෝකටත් ගිහිල්ලා වන්දනා කරනවා' කියලා ගිහිල්ලා වැන්දා. වැන්දාම ඇහුවා 'ඈ ආයුෂ්මතුන්, ඇයි මට අසවල් විදියට කථා කළේ? ඇයි මට මෙහෙම කලේ?' කියලා ඇහැව්වා. 'අනේ ස්වාමීනී, මම කළේ නෑ. ඔබවහන්සේ නෙ එහෙම කරලා තියෙන්නේ. මට අන්න අර හාමුදුරුවෝ කිව්වා' ඔන්න බඩු එළියට ආවා. කොච්චරකල් ගියාද ප්‍රශ්නෙ තේරෙන්න? සියක් අවුරුදු ගියා.

ත්‍රිපිටකයම කටපාඩම් තිබුනත් වැඩක් නෑ ගුණධර්ම නැත්නම්....

ඊටපස්සේ කිව්වා 'එහෙනම් ආයුෂ්මතුන්, අපි හොඳ වැඩක් කරමු' කිව්වා. 'අපි යං එතන්ටම. ගිහිල්ලා ඔය පුද්ගලයාගේ බෙල්ලෙන් අල්ලගමු' කිව්වා. දැන් මේ

ස්වාමීන් වහන්සේලා දෙනම එතනට වඩිනවා. අවුරුදු කීයකට පස්සෙද? සීයකට පස්සේ. අරයා දැන් නායක හාමුදුරුවෝ වගේ ඉන්නව හොඳට. දැකලා 'හා හා වඩින්න වඩින්න. බොහෝම හොඳයි. කාලෙකින් වැඩියේ' කිව්වා. 'මදැයි තමුසේ කරපු වැඩේ' කියලා කියනකොට ම අරයා හනික එයාගේ පාත්තර සිවුරු ලෑස්ති කර ගත්තා. පැන්නා.

ඒ කාලේ මිනිස්සුන්ගේ ආයුෂ අවුරුදු විසිදාහක්. ඒ ස්වාමීන් වහන්සේලා දෙනම බොහෝම දුකසේ බණ භාවනා කරලා, බොහෝම දුකසේ රහත් වුණා. බලන්න රහත් වෙන්න පින් තිබ්බ්ච අය මේ ඇවිලෙව්වේ. අරයට කිසීම දෙයක් නෑ. බණ කියාගෙන ගියා. බණ නම් ඉතින් මතක තිබ්බහම කියන්න පුළුවන් නොවැ. ධර්ම කථික වෙලා හිටියා අවුරුදු විසිදාහක්. මැරුණා. අවීචි මහා නරකාදියේ උපන්නා. ඒ කාශ්‍යප බුද්ධ ශාසනය ඉවර වුනා. පොළොව ගව් හතරක් වැඩුනා. ඒත් නිරයේ.

යම් අයුරකින් බිජු වපුරයිද, ඒ අයුරින්ම ඵල ලබයි....

ගෞතම බුදුරජාණන් වහන්සේ පහළ වෙද්දී පෙරේතයා වෙලා උපන්නා. එතකොට කටින් නේ මේක කළේ. පෙරේතයා වෙලා උපන්නාට පස්සේ මහ විශාල දිවක් තියෙනවා. දිව පුරාම පණුවෝ. කටත් කනවා, දිවත් කනවා. කටින් කරපු දේ. දැක්කද මේ වචනය නරක විදියට, අභූත විදියට, අසත්‍ය විදියට පාවිච්චි කරන අය ඒ වපුරපු දේ ආයේ ලබා ගන්න හැටි. බුදුරජාණන් වහන්සේ වදාළා 'මහණෙනි, මට ඔය ප්‍රේතයා ගයාවෙදිත් හම්බ වුනා' කිව්වා.

එතකොට බලන්න බුදුරජාණන් වහන්සේ ඒ අතීත විස්තරේ, ඒ කර්මය, ඒ හේතුව, ඒ තැන ඔක්කොම දේශනා කරනවානේ. ආන්න ඒක තමයි උන්වහන්සේගේ දෙවෙනි ඥාණය. අතීත අනාගත වර්තමාන කර්ම සමාදානයන්ගේ විපාක තැන් වශයෙන් හේතු වශයෙන් ඒ අයුරින්ම දැන ගනී. බුදුරජාණන් වහන්සේට පේනවා පුද්ගලයන් දැක්කහම මේ පුද්ගලයන් මේ මේ පින කරලා ආපු අය.

අසිරිමත් සම්බුදු නුවණ....

එක්තරා අවස්ථාවක වස් කාලේ භික්ෂූන් වහන්සේලා පන්සිය නමක් ගිහිල්ලා භාවනා කරන්න මහන්සි ගන්නවා. ඒත් ඒ වස් කාලය තුල දියුණුවක් ලබා ගන්න බැරුව ගියා. ඊට පස්සේ ඒ භික්ෂූන් වහන්සේලා වැඩියා බුදුරජාණන් වහන්සේ ළගට. උන්වහන්සේ බැලුවා මොකක්ද මේ පිරිස සංසාරයේ පුරුදු කරලා තියෙන්නේ? බැලුවහම කාශ්‍යප බුද්ධ කාලේ මහණවෙලා අනිත්‍ය භාවනාව කරලා. නමුත් මේ ආත්මේ කරලා තියෙන්නේ වෙනින් භාවනාවක්. ඒ නිසා ඒක ඒ විදියට හරියට ගැලපිලා ගියේ නෑ. බුදුරජාණන් වහන්සේ අනිත්‍ය ප්‍රතිසංයුක්ත ධර්ම කතාව කළා, මාර්ගඵල ලැබුවා.

සෑසි මුනි සිහනද....

මෙබඳු ඥාණයක් තියෙන කෙනෙකුට බයක් හට ගන්න කාරණයක් තියෙයිද? නෑ. ඇයි මේකේ සම්පූර්ණ විස්තරේ නිරවුල්ව, නිවැරදිව තැන් වශයෙන් හේතු වශයෙන් දන්නවා. ඒක තමයි දෙවෙනි තථාගත බලය. බුදුරජාණන් වහන්සේ පෙන්වන්නේ කොහොමද?

"පරිසාසු සීහනාදං නදති" පිරිස් මැද සිහනද පතුරයි. සිහනද පතුරයි කියන්නේ, ඒ පිරිස් මැද්දේ කරන කථාවට අභියෝග කරන්න පුළුවන් කව්රුවත් නෑ. **"බ්‍රහ්මචක්කං පවත්තේති"** බ්‍රහ්මචක්‍රය කියන්නේ චතුරාර්ය සත්‍යයට. චතුරාර්ය සත්‍යය ප්‍රවර්තනය කරනවා.

සියලු තැන් වලට යන ප්‍රතිපදාව දන්නවා....

තුන්වෙනි ඤාණය තමයි **"තථාගතෝ සබ්බත්ථගාමිනිං පටිපදං යථාභූතං පජානාති"** තථාගතයන් වහන්සේ, **සබ්බත්ථගාමිනිං පටිපදං** කියන්නේ හැමතැනටම යන ප්‍රතිපදාව දන්නවා. හැමතැනටම කිව්වේ, උන්වහන්සේ දන්නවා නිරයට යන්නේ මේ විදිහේ දේවල් කිරීමෙන්. තිරිසන් අපායට යන්නේ මේ විදියේ දේවල් කිරීමෙන්. ප්‍රේත ලෝකෙට යන්නේ මේ විදියේ දේවල් කිරීමෙන්. ඊළඟට අසුරයෝ වෙන්නෙ මේ වගේ දේවල් කිරීමෙන්. දෙවියන් අතරට යන්නේ මේ විදියේ දේවල් කිරීමෙන්. මනුස්ස ලෝකෙට එන්නේ මේ විදියේ දේවල් කිරීමෙන්. බ්‍රහ්ම ලෝකෙට යන්නේ මේ විදියේ දේවල් කිරීමෙන්. නිවන් අවබෝධ කරන්නේ මේ දේ කිරීමෙන් කියල උන්වහන්සේ සියළු තැන්වලට යන්න තියෙන වැඩ පිළිවෙල ඒ විදියටම දන්නවා.

දුස්සීලව ඉඳගෙන දන් දීපු අය....

අද ඒ නිසා නේ අපි දන්නෙ බ්‍රහ්මලෝකේ යන්න නම් සමාධියක් නොපිරිහී තියෙන්න ඕන. ධ්‍යානයක් නොපිරිහී තියෙන්න ඕන. දැන් ඕක වෙන ආගමක කෙනෙක් දන්නවද? නෑ. වෙන ආගමක කෙනෙක් දන්නේ 'කියාපන් දෙවියන්ට, දෙවියෝ එක්කන් යයි' ඒකද ක්‍රමේ?

නෑ. එක තැනක උන්වහන්සේ දේශනා කරනවා සමහර දුස්සීල අය ඉන්නවා දානේ දෙනවා. දුස්සීල අයත් දානේ දෙනවනේ. නමුත් සීලය නැති නිසා මනුස්ස ලෝකෙට එයාට එන්න බෑ. ඒ අය උපදිනවයි කියනවා ඇත්තු වෙලා, අස්පයෝ වෙලා, සුනඛයෝ වෙලා. හැබැයි අර දීපු දේ නිසා සැපසේ ඉන්නවා.

ඇයි සමහර සුනඛයෝ ඉන්නවා මිනිස්සුන්ට නැති සැප විඳිනවා. සලකනවා, පව්ඩර් දානවා, මෙට්ටේ තියාගන්නවා, වාඩි කරනවා, වඩාගෙන යනවා. සුනඛයා වඩාගෙන යනවා, ළමයා කරත්තේ දාගෙන යනවා. දැකල තියෙනවා නේද? පිටරට නෝනලා ළමයව කරත්තේ දාල ළමයා තල්ලු කරන් යනවා, සුනඛයව වඩාගෙන යනවා. ඇයි සීලය නෑ, හැබැයි දානේ දීලා. බුද්ධ වචනයේ තියෙනවා මෙව්වා. සමහරු ඒ වගේ බොහොම ආදරයෙන් සලකනවා තිරිසන් අපායේ සතුන්ට.

කට පරිස්සම් කරගන්න එක හරි අමාරුයි....

ඒ සියළු තැන් වලට යන ප්‍රතිපදාව බුදුරජාණන් වහන්සේ දන්නවා. ඒ දන්න නිසා තමයි උන්වහන්සේ වදාළේ සිතින් පව් කරන්න එපා, වචනයෙන් පව් කරන්න එපා, ක්‍රියාවෙන් පව් කරන්න එපා කියලා. දැන් අර කෝකාලිකට කොච්චර කිව්වද 'කෝකාලිකය, මේ සැරියුත් මුගලන් දෙනම ගැන සිත පහදවා ගන්න, පහදවා ගන්න' කියද්දීත් කෝකාලිකයා කියනවා 'භාග්‍යවතුන් වහන්සේ කෙරෙහි නම් මට පහදින්නට පුළුවනි හැබැයි අර දෙන්නා ගැන නම් කියන්න එපා' දැක්කා නේද? දැන් මේවා කියන්නේ මොකෙන්ද? අතින් පයින්ද කටින්ද? කටින් කියන්නේ.

මළාට පස්සේ ගාථා පන්තියක් වදාරනවා. ඒකෙ ලස්සන වචනයක් තියෙනවා මුඛදුග්ග කියලා. දුග්ග කියන්නේ දුර්ගය. දුර්ගය කියන්නේ ළං වෙන්න බැරි ඈත තියෙන දේට. මුඛදුග්ග කියන්නේ කටින් කියන වචන නිසා එයාට ළංවෙන්න බෑ, ඈත ඉන්නේ. එතකොට එබඳු එක්කෙනා ඒ කටින් කරන පව් නිසා අර පදුම කියන නිරයේ උපදිනවා. ඒ නිරයේ උපන්නට පස්සේ තියෙන ආයුෂ තොගය විස්තර කරනවා.

පදුම නිරයේ ආයුෂ....

භික්ෂූන් වහන්සේලා අහනවා 'භාග්‍යවතුන් වහන්ස, මේකේ ආයුෂ කොච්චර දීර්ඝයි ද කියල ගණන් කරලා කියන්න පුලුවන්ද?' කියලා ඇහුවා. ගණන් කරලා කියන්න බෑ කියනවා වර්ෂ වලින්. 'උපමාවකින් කියන්න පුළුවන්ද?' කියලා අහනවා. එවෙලේ උපමාවක් කියනවා 'මේ කොසොල් රටේ සොළොස් කිරියක තල ගැලක තියෙන තල ඇට අවුරුදු සියයකට වතාවක් එක එක අයින් කළාම ඒක ඉවර වෙන්න කොච්චර කාලයක් යනවද, ඒ වගේ කාල වලින් විසි ගුණයක් මේ අපායේ ආයුෂ දිගයි. ඒ අපායේ ආයුෂ වලින් විසිගුණයකින් මේ අපායේ ආයුෂ දිගයි' ආදී වශයෙන් උන්වහන්සේ ගොඩක් අපාය විස්තර කරනවා. ඒ විස්තරේ බැලුවහම කෝකාලික ඉපදිච්ච පදුම නිරයේ ආයුෂ කොච්චරද කියලා කිසි කෙනෙකුට හිතන්නවත් බෑ. ඒ විදිහට ඒ ඒ අය යන තැන් ගැන දන්නවා බුදුරජාණන්වහන්සේ.

පරම්පරාවෙන් කුසල් වැඩෙන්නෙ නෑ....

දැන් ගොඩක් අය හිතන් ඉන්නේ බුද්ධං සරණං ගච්ඡාමි කියල කිව්වාම 'ආ දැන් මට සරණ තියෙනවා'

කියලා. එහෙම පිහිටන්නේ නෑ. මේ තමන් සරණ ගියේ කව්ද කියල තමන් දැනගන්න ඕන. පරම්පරාවෙන් කුසල් වැඩෙනවා නම් ඉතින් මදැයි. ඕන එකක් කරන්න පුළුවන්නේ. පරම්පරාවෙන් කුසල් වැඩෙනවද? පරම්පරාවෙන් කුසල් වැඩෙන්නේ නෑ. හැම එකක්ම පුද්ගලිකයි. කුසල් වැඩීම හෝ අකුසල් වැඩීම. දෙකම පුද්ගලිකයි. එතකොට ඒක බුදුරජාණන් වහන්සේගේ කීවෙනි ඤාණයද? තුන්වෙනි ඤාණය.

හතරවෙනි ඤාණය තමයි **"අනේක ධාතු නානාධාතු ලෝකං යථාභූතං පජානාති"** මේ නානා ධාතු ස්වභාවය, අනේක ධාතු ස්වභාවය මේ ලෝකෙ තියෙනවා. උන්වහන්සේ මේ ධාතු ස්වභාවයට මේ හැම දේම දාලා තියෙනවා. ඇස, කන, නාසය, දිව, ශරීරය, මනස. ඊළඟට රූප, ශබ්ද, ගන්ධ, රස, ස්පර්ශ, අරමුණු. ඊළඟට විඤ්ඤාණය, වේදනා, සංඥා, චේතනා මේ ඔක්කොම උන්වහන්සේ දාලා තියෙන්නේ මොනවටද? ධාතු ස්වභාවයට.

ධාතු ස්වභාවයක ලක්ෂණය මොකක්ද....?

හේතුන් නිසා හට ගන්නවා. හේතු නැති වෙනකොට නැති වෙනවා. ඒක තමයි ධාතු ස්වභාවයක තියෙන ලක්ෂණය. එතකොට ධාතු ස්වභාවයක් මම කියල ගත්තට එතන මම කියල එකක් නෑ. ධාතු ස්වභාවයක් මගේ කියල ගත්තට එතන මගේ කියල එකක් නෑ. ධාතු ස්වභාවයක් මගේ පැවැත්මය, මට ඕන හැටියට තියාග න්න පුළුවන් කියල හිතුවට එහෙම එකක් නෑ. නමුත් අපිට තේරෙන්නේ නෑ මේක ධාතු ස්වභාවයක් කියලා.

ධාතු ස්වභාවයක් කියල අපට තේරෙන්නේ නැත්තේ මොකද, අපිට ඒ ධාතු ස්වභාවයක් විදිහටම වැටහෙන්න නුවණ දියුණු වෙලා නෑ. යම් දවසක අපේ නුවණ දියුණු වෙලා ධාතු ස්වභාවයක් හැටියටම මේ ඇස, කන, නාසය මේ ඔක්කොම ආයතන වැටහුනොත් මොකද වෙන්නෙ? අර මම කියල හිතපු එක අපේ හිතින් නැතුව යනවා. 'මේකෙ මේ මම කියල එකක් නෑනේ. ආත්මයක් මේකෙ නැහැනේ. මේකෙ හේතුඵලනේ තියෙන්නේ' කියල අපට අවබෝධයක් එනවා. ඒ අවබෝධය ආපු දවසට අර අවබෝධය නැතුව තිබ්බ මුලාව නැති වෙලා යනවා.

මේ ලෝකය දිහා හිස් දෙයක් හැටියට බලන්න....

එතකොට බලන්න උන්වහන්සේ මේ ධාතු ස්වභාවය දැක්කා. මේ සෑම දෙයකම ධාතු ස්වභාවය උන්වහන්සේ අවබෝධ කළා. ඒ නිසා උන්වහන්සේට පුළුවන් වුණා තමන්ගේ ශ්‍රාවකයන්ටත් ඒ විදිහටම අවබෝධ කරවන්න. උන්වහන්සේ මේ ඥාණ වලින් තමයි ධර්ම කතාව පවත්වලා තියෙන්නේ. දැන් අර මෝඝරාජ කියන භික්ෂුවට බුදුරජාණන් වහන්සේ වදාළේ,

"සුඤ්ඤතෝ ලෝකං අවෙක්ඛස්සු - මෝඝරාජ සදා සතෝ
අත්තානුදිට්ඨිං ඌහච්ච - ඒවං මච්චුතරෝ සියා
ඒවං ලෝකං අවෙක්ඛන්තං - මච්චුරාජා න පස්සති"

උන්වහන්සේ දේශනා කරනවා 'මෝඝරාජය, මේ ලෝකය දිහා ශූන්‍ය ස්වභාවයෙන් බලන්න. ශූන්‍යයි කිව්වේ

හිස් දෙයක් වගේ බලන්න. හිස් කිව්වේ මොකෙන්ද? මමය, මාගේය, මාගේ ආත්මය කියන එකෙන් හිස් දෙයක් හැටියට බලන්න.

ආත්මය කියන දෘෂ්ටිය උදුරලා දාන්න....

මම ඔබට ඒකට තවත් සරල දෙයක් කියන්නම් තේරුම් ගන්න. මේ ධර්ම ශාලාව ගමු. අපි කියමු අපිට හිතෙනවා කියල මේකේ මේස පුටු තියෙනවා කියලා. දැන් අපි මේස පුටු තියෙනවා කියල හිතාගෙන පහල ඉඳලා එනවා බලන්න. එනකොට මේ ශාලාව මේස පුටු වලින් හිස්ද නැද්ද? මේස පුටු නෑ. එතකොට මේ ශාලාවට ඇවිල්ලා කෙනෙක් බලද්දී මේස පුටු නැත්නම්, බාහිර කෙනෙක් කොච්චර කිව්වත් මේකෙ මේස පුටු තියෙනවයි කියලා වැඩක් තියෙයිද? වැඩක් නෑනේ.

ඒ වගේ මේකේ මමය, මාගේය, මගේ ආත්මය කියල අපි කොච්චර හිතන් හිටියත් මේක දැකපු එක්කෙනා දන්නවානම් මේකේ එහෙම එකක් නෑ කියල, අපි කොච්චර කිව්වත් ඒකෙ වටිනාකමක් නෑ. ඉතින් ඒ වගේ "**සුඤ්ඤතෝ ලෝකං අවෙක්ඛස්සු - මෝඝරාජ සදාසතෝ**" 'මෝඝරාජ, හැමතිස්සේම සිහියෙන් ශූන්‍ය දෙයක් හැටියට මේ ලෝකෙ දිහා බලන්න' කිව්වා. "**අත්තානුදිට්ඨිං ඌහච්ච**" 'ආත්මය කියන දෘෂ්ටිය උදුරලා දාන්න' කිව්වා. උදුරලා දාපු ගමන් "**ඒවං මච්චුතරෝ සියා**" මෙසේ ඔබ මරණයෙන් එතෙර වෙයි. "**ඒවං ලෝකං අවෙක්ඛන්තං**" මෙසේ ලොව බලද්දී "**මච්චුරාජා න පස්සති**" මාරයාට ඔබ නොපෙනේ.

සත්වයන්ගේ නානාධිමුත්තික බව....

දැන් අපි ගමු සාමාන්‍යයෙන් මාරයා කියලා කෙනෙක් ඉන්න බව ලෝකයේ වෙන කව්රුත් දන්නවද? කිසි කෙනෙක් දන්නේ නෑ. බුද්ධ දේශනාවේ මේවා නොතිබෙන්න. එතකොට මේ අනේක ධාතු නානා ධාතු ලෝක ස්වභාවය ඒ ආකාරයෙන්ම බුදුරජාණන් වහන්සේ දැක්කා. ඊ ළඟට **"සත්තානං නානාධිමුත්තිකතං යථාභූතං පජානාති"** මේ සත්වයන්ගේ නානාධිමුත්තික ස්වභාවය, ඒ ඒ සත්වයන්ගේ ඒ ඒ ආශාවන්, ඒ ඒ හැඟීම් වැඩකරන හැටි බුදුරජාණන් වහන්සේ දකිනවා.

දවසක් අර කේසී කියල අශ්වයෝ පුහුණු කරන එක්කෙනෙක් බුදුරජාණන් වහන්සේ ළඟට ගිහිල්ලා කියනවා 'භාග්‍යවතුන් වහන්ස, මේ සත්තු නම් මට හරි ලේසියි කිව්වා පුහුණු කරන්න. ඒ මොකද හේතුව? සත්තුන්ගේ අඩුපාඩු ඒ සත්තු ප්‍රකට කරනවා කිව්වා. මනු සතා එහෙම නොවේ කිව්වා. මනුසතා හොයන්නම බෑ' කිව්වා. එතකොට බුදුරජාණන් වහන්සේ වදාළා 'කේසී, හරියට හරි කතාව. සත්තු නම් සත්තුන්ගේ ස්වභාවය ප්‍රකට කරනවා. මනු සතා එහෙම නැතෙයි කිව්වා. ප්‍රකට කරන්නේ නෑ' කිව්වා.

අශ්වයන් පුහුණු කරන හැටි....

ඊට පස්සේ බුදුරජාණන් වහන්සේ අහනවා 'කේසී, ඔබ කොහොමද මේ සත්තුන්ව පුහුණු කරන්නේ?' 'ස්වාමීනී, මම පුහුණු කරනවා මුදු මොළොක් විදියට. මුදු මොළොක් විදියට පුහුණු කළාම බාල එකා නෙමෙයි,

හොඳ වර්ගයේ සතා කීකරු වෙලා පුහුණු වෙනවා' කිව්වා. තව ඉන්නවා කිව්වා දඩබ්බර අස්පයෝ. ඒ අස්පයන්ව පුහුණු කරන්නේ සැර පරුෂ විදියට කිව්වා. තව ඉන්නවා කිව්වා අස්පයෝ ජාතියක් පුහුණු කරන්නම බෑ කිව්වා. 'ඒ සත්තුන්ට මොකද කරන්නේ?' කියලා ඇහුවා. මං ඒකව මරණවයි කිව්වා. මොකද මගේ ආචාර්ය පරම්පරාවට නින්දාවක් කිව්වා මේ පුහුණු නැති සතා ඉන්න එක.

මනුෂ්‍යයන් පුහුණු කරන හැටි....

ඊට පස්සේ මෙයා බුදුරජාණන් වහන්සේගෙන් ඇහුවා 'භාග්‍යවතුන් වහන්ස, ඔබවහන්සේත් හරි ප්‍රසිද්ධයි පුරිසදම්ම සාරථී කියලා. ඔබවහන්සේ කොහොමද මේ මිනිස්සුන්ව පුහුණු කරන්නේ?' 'මමත් ඔය ක්‍රමේම තමයි' කිව්වා. මම පිරිස පුහුණු කරනවා බොහොම මෘදු ක්‍රමේට. මොකක්ද මෘදු ක්‍රමය? මෘදු ක්‍රමය තමයි සීලය ගැන කියනවා, සමාධිය ගැන කියනවා, ප්‍රඥාව ගැන කියනවා, දිව්‍ය ලෝකය ගැන කියනවා, බ්‍රහ්ම ලෝකය ගැන කියනවා.

තව සමහරුන්ව පුහුණු කරනවා කිව්වා සැර ක්‍රමයට, පරුෂ ක්‍රමයට. ඒ කොහොමද? නිරය ගැන කියනවා, ප්‍රේත ලෝකය ගැන කියනවා, අපාය ගැන කියනවා කිවුවා. ඒ ක්‍රමයට කිව්වා සමහරු දමනය වෙන්නේ. 'එතකොට මේ දෙකෙන්ම දමනය කරන්න බැරි අයට මොකක්ද කරන්නේ?' කියලා ඇහුවා. 'මං උන්දැලාව මරනවා' කිව්වා. 'හා.... තථාගතයන් වහන්සේට සතුන් මැරීම හොඳද?' කියලා ඇහුවා. 'නෑ කේසී, මම ඒ පුද්ගලයාව අවවාද නොකොට අතහරිනවා' කිව්වා. ඒක මේ සාසනේ මැරුම් කෑවා වගේ වැඩක් කිව්වා.

මේ කාලේ ගැලපෙන්නේ පරුෂ ක්‍රමය....

දැන් හිතන්න ඔබ මේ කාලේ මනුස්සයාට ගැලපෙන්නේ මෘදු ක්‍රමයද? පරුෂ ක්‍රමයද? මරණ එකද? නොකියා අතහරින එක නෙමෙයි. මේ කාලේ ගැලපෙන්නේ මෘදු ක්‍රමෙත් නෙමෙයි, පරුෂ ක්‍රමය. මෙන්න මෙහෙමයි පෙරේතයෝ ඉන්නේ. 'හා..... එහෙමද?' ඔන්න ඔළුවට ගියා. මෙහෙමයි අමනුස්සයෝ ඉන්නේ. 'හා.... එහෙමද?' දිව්‍ය ලෝකේ මෙහෙමයි. 'හා.... දිව්‍ය ලෝකෙත් යන්න පුළුවන්යෑ?' ඒක යන්නෙ නෑ ඔළුවට. මේ කාලේ මනුස්සයන්ගේ ඔළුවට යන්නේ මොන විස්තරද? යකුන් ගැන, පෙරේතයෝ ගැන, භූතයෝ ගැන රස කර කර අහනවා. එතකොට දැන් බලන්න මේ කාලේ මිනිස්සුන්ට තියෙන්නේ මොන ගතිගුණද? පරුෂ ක්‍රමයට හික්මෙන ගතිගුණ. ඇයි එහෙම අහනකොට 'හප්පේ... හරි භයානකයිනේ මේ සසර' කියලා හිතට යනවා.

මිහිඳු මහරහතන් වහන්සේ දම් දෙසූ පිළිවෙළ....

මිහිඳු මහරහතන් වහන්සේත් ඒක තමයි ලංකාවට වැඩලා කළේ. ඉස්සෙල්ලාම අර දේවානම්පියතිස්ස රජ්ජුරුවන්ට මොකක්ද වදාළේ? සුළු ඇත්පිය උවමාවෙන් දෙසුම. මොකක්ද? චූල්ලහත්ථි පදෝපම සූත්‍රය. ඊට පස්සේ ආරාධනා කරලා වැඩම්මුවා. වැඩම්මුවාට පස්සේ ඇත්හල සුද්ද කරලා රජ්ජුරුවන්ගේ අන්තඃපුරයේ ස්ත්‍රීන්වයි ගමේ මිනිස්සුයි ඔක්කොම එකතු කරලා මොකක්ද දේශනා කළේ? ප්‍රේත වත්ථු. සලිත වෙලා ගියා උන්දැලා. ඊට පස්සේ විමාන වත්ථු.

ඊට පස්සේ අනමතග්ග සංයුක්තය. 'ඔය විදියට නුඹලා කෙළවරක් නැතුව මැරී මැරී, අපාගත වෙවී, දිව්‍ය ලෝකේ ගොහින් ගොහින්, අපායේ ගොහින් ගොහින්, කෙළවරක් නැතුව කඳුළු සාගරවල පීන පීන නුඹලා ආවේ' කියලා කිව්වා. අන්න එතකොට හිතට ආවා ඒ මිනිස්සුන්ට 'මේකෙන් බේරෙන්න පිළිවෙලක් නැද්ද?' ආන්න ඊළඟට දේශනා කළා සච්ච සංයුක්තය. මොකක්ද? චතුරාර්ය සත්‍යය. හොඳට ගැලපිලා ගියා.

භික්ෂූන් පන්සිය නමක්....

ඉතින් බුදුරජාණන් වහන්සේ තමයි මේ සත්වයන්ගේ නානාධිමුත්තික ස්වභාවය දන්නේ. ඒ දැකලා තමයි උන්වහන්සේ ඒ සත්වයන්ට ඒ ආකාරයෙන් ධර්ම දේශනා කරන්නේ. ධම්ම පදයේ තියෙනවා භික්ෂූන් වහන්සේලා පන්සිය නමක් පැවිදිවෙලා භාවනා කරන්න මහන්සි ගන්නවා. එක නමක් භාවනා කරන්න මහන්සි ගත්තේ නැහැ. භාවනා කරන්න මහන්සි ගන්නේ නැතුව ඒ නම ඔහේ හිටියා. දැන් එතකොට කී නමක් රහත් වුනාද? හාරසිය අනූනම නමක්.

දැන් මේ පිරිස බුදුරජාණන් වහන්සේ ගාවට තමන්ගේ චිත්ත දියුණුව කියන්න වඩිනවා. වඩිනකොට අතරමග ගමකටත් සේන්දු වුනා. ගමේ දායකයෝ ඇහුවා 'දැන් ඔබ වහන්සේලා ආපහු වඩින්නේ කවද්ද?' 'උපාසකවරුනි, අපි බුදුරජාණන් වහන්සේව හම්බ වෙලා හෙට ආයෙ පාන්දරින් පිටත් වෙනවා' කිව්වා. 'අනේ ස්වාමීනී, දවල් දානෙට මෙහෙට වඩින්න පුලුවන්ද?' කියලා ඇහුවා. හාය කිව්වා. එතකොට ඒ මිනිස්සු කිව්වා 'එහෙනම් අපි පන්සිය නමකට දානේ හදන්නම්'

සැවැත් නුවරට වැඩියා....

ගිහිල්ලා ඒ භික්ෂූන් වහන්සේලා තමන්ගේ රහත් බව ප්‍රකාශ කළා. අර භික්ෂුව මුල්ලකට වෙලා හිටියා අහගෙන. 'අනේ මට බැරි වුනානේ මුකුත් කර ගන්න' කියලා දැන් ඔන්න හදිසි වෙලා, හෙට උදේ ගමනකුත් යන්න තියෙද්දී අද රෑ ඉඳල ඔන්න දැන් නිදි මරාගෙන සක්මන් කරනවා. සක්මන් කරද්දි නිදිමතේ වැටිලා ගලක් පල්ලේ වැටිලා කකුල කැඩුනා. කකුල කැඩුනට පස්සේ හයියෙන් කෑ ගැහුවා.

ඉතින් අනිත් ස්වාමීන් වහන්සේලා ඔක්කොම ඇවිල්ලා දැන් මේ භික්ෂුවට සාත්තු කරනවා. ප්‍රතිකාර කරද්දී හොඳටම එළිය වැටුනා. ඉතින් බුදුරජාණන් වහන්සේට වන්දනා කරලා 'ස්වාමීනී භාග්‍යවතුන් වහන්ස, අපට මේ ගමන යන්න බැරි වුනා' කිව්වා. ඒ මොකද කියලා ඇහුවා බැරි වුනේ. අපට අසවල් භික්ෂුව නිසා මේක කරන්න බැරි වුනා කිව්වා. එතකොට බුදුරජාණන් වහන්සේ 'ඔය භික්ෂුව ඔහොම තමයි. මීට කලින් ආත්මෙත් මෙහෙම කළා' කිව්වා. එතකොට දැන් බලන්න එකම දේ එක එක ආත්මෙට හැරෙනවා.

වයසක හාමුදුරුවරු පස් නමක්....

බුද්ධ කාලේ ඒ වගේ තව එකක් වුණා. වයසට පලච්ච පිරිමි අය පස් දෙනෙක් දැන් බණ අහන්න යනවා. අහලා පැහැදුනා බුදුරජාණන් වහන්සේගේ ධර්මය ගැන. පැහැදිලා කල්පනා කළා 'අනේ අපි දැන් මේ වයසක උදවිය, අපි මේ ගෙවල් වලට වෙලා ඉන්න එකේ තේරුමක් නෑ. මේ මඟුල් ගෙවල් වලයි, ඉලව්

ගෙවල් වලයි යනවා විතරයි. ඉතින් මීට වඩා හොඳයි අපි මහණදම් පුරනවා නම්' කියලා ගෙවල් වලින් අවසර ගත්තා. අවසර අරන් පස් දෙනාම මහණ වුනා.

දැන් මේ වයසක හාමුදුරුවරු පස් දෙනාම පිණ්ඩපාතේ යන්නෙත් එකට. බණ අහන්න යන්නෙත් එකට. නාන්න යන්නෙත් අචිරවතී ගඟට එකට. දැන් මේගොල්ලොත් ඈතට වෙන්න ළඟින් ළඟින් වෙනම කුටි පහක් හදා ගත්තා. දැන් මේ එකට කතා කර කර, එකට බුලත් හපේ ගගහ ඉන්නවා. දානෙට යන්නෙත් මේගොල්ලෝ දරුවන්ගේ ගෙවල් වල, මුණුබුරන්ගේ ගෙවල් වල.

මධුරපාචිකා....

මේ එක බිරින්දෑවක් ඉන්නවා රසට උයන්න පුළුවන්. රසට උයන නිසා ඈට නම ලැබුනා මධුරපාචිකා කියලා. දැන් මේගොල්ලෝ පිණ්ඩපාතේ කරගෙන යන්නේ කාගේ ගෙදරටද? මධුරපාචිකාගේ ගෙදරට. එහෙත් මොනවා හරි ව්‍යංජනයක් රහාට හදල තියනවා. දැන් මේ ස්වාමීන් වහන්සේලා පස්නම ඒ ගෙදරට ගිහිල්ලා දානේ වළඳලා ඔහේ කතා කර කර ඉඳලා ආයෙත් එනවා.

එක දවසක් යද්දී මධුරපාචිකා මැරිලා. අර පිරිස ගිහිල්ලා දානේ වැළඳුවෙත් නෑ එදා. එහෙම්මම බත් ටික පාත්තරේ තියාගෙන එහෙම්මම කුටියට ඇවිල්ලා පස්නමම එකට වැළඳගෙන වැලපෙනවා. 'අනේ.... අපට දැන් රහට කන්න දෙන්නේ කවුදෝ...! මීට පස්සේ අපට ලුණු ඇඹුල් ඇතුව දානේ ටිකක් ලැබෙන්නේ කොහෙන්දෝ....!' රහතන් වහන්සේලා එළියට බැහැලා

බැලුවා මොකදෑ මේ කියලා. බැලුවහම අර පස්නමම එකට වැළඳගෙන වැළපෙනවා.

බුදුරජාණන් වහන්සේ ළඟට ගිහිල්ලා කිව්වා....

'අනේ භාග්‍යවතුන් වහන්ස, හරී සංවේගජනක කරුණක්. මේ වයසක උන්දැල පස් දෙනෙක් මහණ වෙලා මේ කරගත්තු සංගෙඩිය. අර තමන්ගේ පැරණි බිරිඳ මළාය කියලා එකට වැළඳගෙන වැලපෙනවා' බුදුරජාණන් වහන්සේ වදාළා 'මහණෙනි, ඔය පුරුද්ද' කිව්වා. පෙරත් ඕක කළා කිව්වා ඕගොල්ලෝ. ඒ මොකක්ද? කියලා ඇහුවා. පෙර ආත්මෙක ඔය වගේ මුහුද මැද්දේ මළකුණක් පාවෙලා යද්දී කපුටෝ පස් දෙනෙකුයි කපුටියෙකුයි හිටියා කිව්වා. කපුටි මළා. ඔය පස් දෙනා තමයි කිව්වා එදා කපුටෝ පහ. කපුටි මළා කියලා ඔය පස් දෙනා වැළපි වැළපී හිටියා කිව්වා මුහුදු වතුර බිබී. ඉඳලා පස් දෙනාම මළා. ඒ පුරුද්ද ඔය.

බලන්න පුරුදු යන විදිය....

දැන් අපි මේ අනුන්ගේ පුරුද්දකට හිනැහෙනවා. තමුන්ගේ පුරුද්දට දැන් කවුදැයි හිනැහෙන්නේ? පුරුදු කියන ඒවා දැන් බලන්න යන විදිය නේද? දැන් මේකෙන් අපි එකක් තේරුම් ගන්න ඕනේ. අපි ඇති කරගන්න ඕනේ මොනවද? හොඳ පුරුදු, යහපත් පුරුදු. හොඳම පුරුද්දක් මම කියන්නද ඇති කරගන්න? හොඳම පුරුද්ද තමයි අනුන්ගේ ඇද හොයන්න එපා. අනුන්ගේ ඇද බලන්න එපා. කාගේ ඇදද බලා ගන්න ඕනේ? තමුන්ගේ ඇදේ බලාගන්න. ඒක හොඳ පුරුද්දක්.

අනුන් යන හැටි, අනුන් කන බොන හැටි, අනුන් වාඩි වෙන හැටි, අනුන්ගේ කතා බතා, අනුන්ගේ ගෙවල් දොරවල්, අනුන්ගේ ළමයින්ගේ හැටි ඒවා හොයන්න යන්න එපා. ඒක නරක පුරුද්දක්. ඒකම ගෙනියයි සසරේ. තමන්ගේ පාඩුවේ, තමන්ගේ දෙයක් බලාගෙන තමන්ගේ වැරද්දක් හදාගෙන තමන්ගේ ගුණයක් පුරුදු කරගෙන ඉන්න. හැබැයි මේක අමාරුයි. ඇයි දැන් වටේ ඉන්න අයත් අනුන්ගේ ඒවා කියනවා නොවැ. තමන්ට නිකන් ඉන්න දෙන්නෙ නෑ. ඉතින් ඒ නිසා ඒ ඒ හොඳ පුරුදු ඇති කරගන්නවා කියලා හිතින් අධිෂ්ඨාන කර ගත්තහම, 'මම හොඳ පුරුදු ඇති කර ගන්නවා' කියලා ඒ හොඳ පුරුදු ඇති කර ගන්න පුළුවන්.

ඉන්ද්‍රිය ධර්මත් අනිත්‍යයි....

ඊළඟට බුදුරජාණන් වහන්සේ දේශනා කරනවා හයවෙනි ඤාණය. **"පරසත්තානං පරපුග්ගලානං ඉන්ද්‍රියපරෝපරියත්තං යථාභූතං පජානාති"** බාහිර සත්වයන්ගේ බාහිර පුද්ගලයන්ගේ ඉන්ද්‍රිය ධර්මයන්ගේ අඩු වැඩි බව ඒ ආකාරයෙන්ම දනී. දැන් අපි තුළ තියනවා ඉන්ද්‍රිය ධර්ම. අපිට ඒවා හොයන්න බෑ. තේරෙන්නේ නෑ. හැබැයි ඒ ඉන්ද්‍රිය ධර්මත් අනිත්‍ය දෙයක්. ඒක අනිත්‍ය දෙයක් කියලා තේරුම් ගන්න කතාවක් තියෙනවා.

දැන් ඔබ අහලා ඇති බුද්ධකාලේ අර මහාධන සිටුවරයා කියල සිටුවරයෙක් හිටියා. එයාට පුතෙක් හිටියා. ඒ පුතාට දේපල වස්තුව ඔක්කොම අයිති වුනා. දෙමව්පියෝ පුතාට රස්සාවක් කරන්න හෝ ඉගෙන ගන්න හෝ අවස්ථාවක් සැලස්සුවේ නැහැ. දෙමව්පියෝ හිතුවා 'අපි මේ හම්බ කරලා තියන දේවල් මේ ළමයට

දවසකට කහවණු දාහ ගානේ වියදම් කළත් මුළු ජීවිත කාලෙටම ඇති' කියලා ඉගැන්නුවේ නෑ. ඒ වගේම ධනවත් පවුලක කෙල්ලකුත් බන්දලා දුන්නා. ඒ කෙල්ල දන්නේ නැටුම් විතරයි. උයන්නත් බෑ. ඊටපස්සේ දැන් මේ ජෝඩුව හොඳට තකට තකේ ගැලපුනා.

අන්තිමේදි මහ පාරට වැටුනා....

දැන් අර මහ දෙන්නා මැරිලා ගියා. දැන් සල්ලි තියනවා. එක එක පළාත් වලින් නාටිකාංගනාවෝ ගේනවා. හොඳට වියදම් කරනවා ඒගොල්ලන්ට. දැක්කනේ, ඉන්දියාවෙන් නළු නිළියෝ ගේන්න කොච්චර සල්ලි යනවද? ඒ වගේ නාටිකාංගනාවෝ ගෙන්නන්න ගොඩක් සල්ලි යනවා. මේගොල්ලෝ හොඳට අත දිගඇරලා වියදම් කරලා හැමදාම පාටි දැම්මා.

කාලයක් ගියා. ඒ සිටුකුමාරයාගේ පැත්තේ තියන සල්ලි වියදම් වුනා. ඊට පස්සේ සිටු දේවියගේ පැත්තේ සල්ලිත් වියදම් වුනා. ණයට ගත්තා. ණය ගෙව්වා. ඉඩ කඩම් වික්කා. ඔක්කොම කරලා අන්තිමට මොකද වුනේ? පාරට වැටුනා. පාරට වැටිලා කැඳත් නෑ. වැරහැලි ඇඳගෙන යනවා. දැන් හොඳටෝම වයසටත් ගිහිල්ලා. බුදුරජාණන් වහන්සේට සිනහ පහළ වුනා මේ දෙන්න දැකලා.

සියලු දේ අහිමි වෙලා....

ආනන්ද හාමුදුරුවෝ අහනවා 'භාග්‍යවතුන් වහන්ස, සිනහ පහළ කළේ ඇයි?' කියලා. එතකොට බුදුරජාණන් වහන්සේ දේශනා කරනවා 'ආනන්දය, මේ

දෙන්නා තරුණ කාලේ පැවිදි වුනා නම් රහත් වෙනවා' කිව්වා. මධ්‍යම අවස්ථාවේ පැවිදි වුනා නම් එක්කෝ අනාගාමී වෙනවා කිව්වා, නැත්නම් සකදාගාමී වෙනවා කිව්වා. වයසට ගියපු අවස්ථාවේ පැවිදි වුනා නම් සෝවාන් වෙනවා කිව්වා. දැන් මුකුත් බෑ' කිව්වා.

මේකෙන් තේරෙන්නේ මොකක්ද අපිට? මේ ඉන්ද්‍රිය ධර්ම පිරිහී යනවා පාවිච්චි කළේ නැත්නම්. දැන් අපේ තියෙනවා නම් යම්කිසි කුසල් වැඩෙන ස්වභාවයක්, ඒකට ධර්මය හම්බ වුනේ නැත්නම් මේ ආත්මේ, ඒක මැරිලා යනවා. පාවිච්චි කළේ නැත්නම් පිරිහිලා යනවා. මම ඔබට මේකට තවත් තේරුම් ගන්න කරුණක් කියන්නම්. දැන් සමහර පින්කම් කලහම පෙර ආත්ම වල, ඒවා එක දිගට විපාක දෙනවා.

පිනට ගරහන්න එපා....

අපි ගත්තොත් එහෙම සමහර පිංකම් කළහම ඒකේ විපාක හැටියට මනුස්ස ආත්මභාව හතක් වුනත් එක දිගට ලැබෙන්න පුළුවනි. දැන් මේ ආත්මේ අපි මනුස්ස ලෝකේ මේ ඉන්නේ. මේ මනුස්ස ලෝකෙට අපිට ආවේ පෙර ආත්මෙක කුමක්දෝ පිනක් උපකාරී වෙලා. ඒ නිසා පිනට ගරහන්න හොඳ නෑ. මොකද සමහරු කියනවනේ 'අපිට පිං කරන්න ඕනේ නෑ, කුසල් කරාම ඇති' කියලා. බොහෝ පව් කර ගන්නවා ඒ අය පිනට ගරහලා.

අපි කියමු මේ විදියට මනුස්ස ලෝකෙට අපි කලිනුත් ඇවිත් හිටියා කියලා. කලින් ආත්මෙක කරපු පිනකින් පළවෙනි ආත්මෙත් මනුස්ස ලෝකේ, දෙවෙනි ආත්මෙත් මනුස්ස ලෝකේ, තුන්වෙනි ආත්මෙත් මනුස්ස

ලෝකේ, හතරවෙනි ආත්මෙත් මනුස්ස ලෝකේ, පස්වෙනි ආත්මෙත් මනුස්ස ලෝකේ, හයවෙනි ආත්මෙත් මනුස්ස ලෝකේ, මේ හත්වෙනි අන්තිම ආත්මේ කියමු මනුස්ස ලෝකේ විපාක දෙන.

මරණින් මත්තේ අපාගත වුනොත්....

එතකොට මේ ආත්මෙදි මේ මනුස්ස ලෝකෙ විපාක විඳින්න තියන කර්ම ඉවර වෙනවා නම්, මේ ආත්මෙන් පස්සේ ආයේ මනුස්ස ලෝකේ විපාක දෙන්න කර්ම නැත්නම්, එතකොට යන්න වෙන්නේ කොහෙද? සතර අපායේ. එතකොට මනුස්ස ලෝකේ විපාක දෙන්න කර්ම නැති පුද්ගලයෙක් මනුස්ස ලෝකේ පිනුත් රැස් කරන්නේ නැතිව, පව් රැස් කරගෙන ජීවත් වෙලා, මරණින් මත්තේ අපාගත වෙනවා කියමු.

ආයේ මනුස්සයෙක් වෙන්නේ කවද්ද එයා? ඇයි අපායේ උපන්නට පස්සේ මනුස්ස ලෝකේ උපද්දවන්න පුළුවන් පිනක් උපදවීමේ ශක්තියක්, ඒ අපාගත සතෙකුට නෑ. දැන් හොඳට කල්පනා කරන්න මේ කියපු කාරණේ. දැන් මේ මනුස්ස ලෝකේ උපන්න පින අවසන් කරලා අලුතින් පින් කර ගන්නෙත් නැතුවනේ ගොඩක් අය මැරෙන්නේ. එතකොට දැන් එයාට මේ මනුස්ස ලෝකේ විපාක දෙන්න තියෙන පින් ටික ඔක්කොම ඉවර වෙනවා මේ ආත්මේ. ආයේ මනුස්ස ලෝකේ උපදින්න පින් නෑ.

සසරක රහස....

දැන් එයා උපදිනවා එක්කෝ පෙරේතයෙක් වෙලා, එක්කෝ සතෙක් වෙලා, එක්කෝ අසුර ලෝකේ,

එක්කෝ නිරයේ. දැන් එයාට පින් කර ගන්න අවස්ථා මුකුත් නෑ. එතකොට එයාට ආයේ මනුස්ස ලෝකෙක උපදින්න අවස්ථාවක් සැලසෙයිද? ඒකයි බුදුරජාණන් වහන්සේ වදාළේ එක වතාවක් නිරයේ හෝ තිරිසන් යෝනියේ උපන්නාට පස්සේ ආපහු මනුස්ස ලෝකෙට එනවට වඩා ලේසියි කිච්වා කණ කැස්බෑවා විය සිදුරෙන් අහස බැලීම. එතකොට ඒකෙන් මොකක්ද තේරෙන්නේ? මනුස්ස ලෝකේ ඉන්න තියෙන අවස්ථාව, ඒ පින ඉවර කර ගත්තහම ආයේ නෑ කියනවා පින්.

බොහෝ මිනිසුන් රැස්කරගන්නේ පව්....

එතකොට දැන් ඔබ නිකම් මේ මිනිස් ලෝකේ දිහා බලන්න. මේ මිනිස් ලෝකේ ගතකරන මිනිස්සු ඔක්කොම දිවා රාත්‍රී පින්ද කර ගන්නේ? නැනේ. එක්කෝ වචනෙන් අකුසල්මයි කර ගන්නේ. කයෙන් අකුසල්මයි කර ගන්නේ. සිතින් අකුසල්මයි කර ගන්නේ. පව් කර ගන්නේ. එතකොට මේ ආත්මේ තිබුන පින ඉවර වුනා නම්, ඊළඟ ආත්මෙට මොකවත්ම නැනේ. අන්න ඒකයි මේකේ භයානක කම.

මේ පින කියන එකත් විපාක දීල ඉවර වෙලා යනවා. ඉන්ද්‍රිය කියන එකත් පාවිච්චි කළේ නැතිනම් ඒ ඉන්ද්‍රිය නැති වෙලා යනවා. දැන් අපි අර උගුරු කටක් තියෙන, දිව කුණු වෙච්ච පෙරේතයෙක් ගැන කතා කළේ. ඉතින් ඒ පෙරේතයා ඒ ආත්මේ ඒ අකුසලේ නොකළා නම් සමහරවිට මාර්ගඵල ලබන්න තිබුනා. ඔක්කොම පින් ඉවර වෙලා නිරයේ ගියා. දැන් පෙරේත ලෝකේ. කාටවත් බේරගන්න බෑ. දැක්කා නේද තත්වය?

කොච්චර බිහිසුණු සසරක්ද මේ....

මෙහෙම බලද්දී අපි එක එක්කෙනා කොච්චර රංචු ගැහිලා හිටියත් ගමන යන්නේ තනියම. සසරේ සමහර අවස්ථාවලදී සමහරු ආයේ එකට එකතු වෙනවා. දැන් ඔය මට මතකයි, නාගසේන මහරහතන් වහන්සේගෙන් අහනවා මිලිඳු රජතුමා 'ස්වාමීනී, ඔය දේවදත්ත මුණ ගැහිල්ල බුදුරජාණන් වහන්සේට නිතර නිතර වුනාද?' කියලා. 'නෑ... නිතර නිතර වුනේ නෑ. කලාතුරකින් ඔය මනුස්සයා මුණ ගැහුනේ. අනිත් හැම අවස්ථාවේදී ම ඉපිද ඉපිද පාරමී පිරුවා' කියනවා.

එහෙම බලද්දී අපිට පේනවා මේ කොච්චර දීර්ඝ සසරක්ද? ඉතින් බුදුරජාණන් වහන්සේට අර ඉන්ද්‍රිය ධර්ම තිබ්බ්ච මනුස්සයගේ ඉන්ද්‍රිය ධර්ම නැතිවෙලා යනවා දකින කොට මොනතරම් අනුකම්පාවක් ඇතිවෙනවා ඇද්ද? දැන් බලන්න අජාසත්ත. අජාසත්තගේ ඉන්ද්‍රිය ධර්ම තිබුනා සෝතාපන්න වීමට. අසත්පුරුෂ ආශ්‍රය නිසා ඒක නැතිව ගියා. ඉතින් මේ වගේ නොයෙක් නොයෙක් මතවාද නිසා පින් කරගන්න අවස්ථාව අහිමි වෙන අය කොච්චර ඉන්නවද? 'අනේ අපිට පින් කරගන්න ඕනෙ නෑ... අපිට කුසල් කරාම ඇති' කිය කියා කරන කුසලෙකුත් නෑ.

අසිරිමත් සම්බුදු නුවණ....

බුදුරජාණන් වහන්සේගේ හත්වෙනි ඤාණය තමයි ධ්‍යාන විමෝක්ෂ සමාධි සමාපත්ති කියන මේවායේ කිළුටු වීම, පිරිසිදු වීම, නැගී සිටීම ආදිය ඒ ආකාරයෙන්ම දකිනවා. "ඣානවිමොක්ඛසමාධිසමාපත්තීනං

සංකිලේසානං වෝදානං වුට්ඨානං යථාභූතං පජානාති” බලන්න උන්වහන්සේගේ ඉව කියන එක, සම්බුද්ධත්වය නොලබා ඉන්දෙද්දිනේ තේරුනේ අර ආළාර කාලාම, උද්දක රාමපුත්‍ර මේ දෙන්නා එක්කෙනෙක් කිව්වේ ආකිඤ්චඤ්ඤායතනය, අනිත් එක්කෙනා කිව්වේ නේවසඤ්ඤානාසඤ්ඤායතනය. 'මේක අල්ලලා හරියන්නෙ නෑ. මේක ඇල්ලුවොත් උපදිනවා' කවුද කියාදෙන්න හිටියේ? බුදු වෙලත් නැතුව මේක තේරුනා නෙ. ඒ සමාධියෙන් යන්න පුළුවන් දුර, සමාපත්තියක් යන්න පුළුවන් දුර, ඊළඟට ඒ සමාධියෙන් මොකක්ද කරන්න පුළුවන්, මේ සියල්ලම උන්වහන්සේ අවබෝධයෙන්ම දන්නවා.

නන්දෝපනන්ද නාරජු දමනය....

දැන් බලන්න අර හිමාලයේ අනෝතත්ත විලේ හිටපු නන්දෝපනන්ද නාගරාජයා දමනය කරන්න යද්දී භික්ෂුණීන් වහන්සේලාත් ඉදිරිපත් වුනා. 'මාත් කරන්නං' කිව්වා. එතකොට බුදුරජාණන් වහන්සේ මොකක්ද වදාළේ? 'නෑ... නෑ... නෑ... කලබල වෙන්න එපා' කිව්වා. අනිත් රහතන් වහන්සේලාත් ඉදිරිපත් වුනා 'භාග්‍යවතුන් වහන්ස, මට අවසර දෙන්න. මං කරන්නම්' කියලා. 'නෑ... නෑ... නෑ... කලබල වෙන්න එපා' කිව්වා. ඇයි සමාධියේ ප්‍රමාණය දන්නවා.

මොග්ගල්ලාන, මේ විදිහට සමාධිය අධිෂ්ඨාන කරගන්න....

ඊට පස්සේ අන්තිමට ඇහුවා මොග්ගල්ලාන මහරහතන් වහන්සේ 'ස්වාමීනී, මං කරන්නද?'

'හා... මොග්ගල්ලාන, ඔබ කරන්න' ඊටපස්සේ දැන් මොග්ගල්ලාන මහරහතන් වහන්සේ මේ නාගරාජයාගේ බඩට යනවා, කටින් එළියට එනවා. එතකොට බුදුරජාණන් වහන්සේ වදාළා 'මොග්ගල්ලාන, කල්පනාවෙන්. චරස් ගාලා අල්ලයි' කිව්වා. ඒ කියන්නෙ එච්චර ක්ෂණිකව ධ්‍යාන බලයෙන් එළියට යන්න පුළුවන්, ඇතුලට එන්න පුළුවන්. ඒක කෙනෙක් අධිෂ්ඨාන කරන ඒ තත්පර කාලෙන් අනිත් එක්කෙනා ජයගන්න පුළුවන්. එතකොට ඒක දන්නේ කවුද? බුදුරජාණන් වහන්සේ. උන්වහන්සේ ඒ නාගරාජයා දමනය කෙරෙද්දී මොග්ගල්ලාන මහරහතන් වහන්සේට කියනවා 'මොග්ගල්ලානය, මේ විදිහට මේ විදිහට සමාධි අධිෂ්ඨානය කරගන්න කියනවා.

පෙර විසූ කඳ පිළිවෙළ දන්නා ඥාණය....

බලන්න ඒ සමාධිය ගැන තියෙන දැනුම ලෝකයේ වෙන කාටවත් නෑ. උන්වහන්සේ තරම් ධ්‍යාන විමෝක්ෂ, සමාධි, සමාපත්ති ගැන දන්න කෙනෙක් මේ ලෝකෙ වෙන නෑ. ඒක තමයි උන්වහන්සේගේ හත්වෙනි ඥාණය. උන්වහන්සේගේ අටවෙනි ඥාණය තමයි පෙර විසූ කඳ පිළිවෙළ දක්නා ඥාණය. උන්වහන්සේ ඒ පූර්ව ජීවිත ගත කළ ආකාරය ගැන කල්ප ගණන් ආපස්සට බලන්නේ.

හෑ.... මේ අපේ පුතා නොවැ....

එක වස් කාලෙක බුදුරජාණන් වහන්සේ එක්තරා ගමකට වඩිනවා. බ්‍රාහ්මණ වංශික සීයා කෙනෙක් බුදුරජාණන් වහන්සේ ළඟට දුවගෙන ආවා. වයසක සීයා කෙනෙක් ඇවිල්ලා නළල රැළිකරලා අත ඇහිබැම උඩින්

තිබ්බා. (අර අච්ච තියෙන වෙලාවට බලන්නෙ, ආන්න ඒ විදිහට බලලා) 'හෑ.... මේ අපේ පුතා නොවැ....' කියලා ඒ බ්‍රාහ්මණයා බුදුරජාණන් වහන්සේගේ දෙපා වැළඳගෙන 'අනේ පුතණ්ඩ... කොහේද මෙච්චර කල් හිටියේ...? ඇයි අපට නොකියා ගියේ...? අනේ දැක්ක කල්.... ඇයි අපේ ගෙදර එන්නෙ නැත්තේ...? හා යමං...' කියලා දැන් බුදුරජාණන් වහන්සේට අඬගහනවා.

උන්වහන්සේත් පාඩුවේ ඒ ගෙදරට වඩිනවා. වඩිනකොට ආච්චි කුස්සියේ. මේ සීයා ආච්චිට කියනවා 'හාමිනේ.... මෙහෙ වර ඉක්මනට.... මේ බලාපන් අපේ පුතා ඇවිල්ලා....' කියලා. ඉතින් ඔන්න අර ආච්චි ඇවිල්ලා ඔළුවට අත් දෙක ගහගෙන ඔන්න අඬන්න ගත්තා. 'අනේ දැක්ක කල්.... මොකදෑ කළේ මෙච්චර කල්..... මේ අම්මලා තාත්තලා දාලා ඔහොම දරුවෝ යන සිරිතක් තියෙනවයැ....' කිය කියා දැන් ඔන්න බොහොම නෝක්කාඩු කියනවා.

බුදුරජාණන් වහන්සේ නිශ්ශබ්දව ඉන්නවා....

ඊටපස්සේ මේ වයසක සීයයි ආච්චියි කියනවා 'හැබැයි පුතේ.... මේ වස් කාලේ වෙන ගෙවල් වල පිණ්ඩපාතේ යන්න බෑ ඔන්න.... අපේ ගෙදරට විතරක් පිණ්ඩපාතේ වඩින්න ඕනෙ' කිව්වා. දැන් ඒ ගෙදරට බුදුරජාණන් වහන්සේ පිණ්ඩපාතේ වඩිනකොට නෑදෑයෝ හැමෝටම කියනවා 'වරෙල්ලා... අපේ පුතා ඇවිල්ල, බලන්න වරෙල්ලා' කිය කිය. දැන් මිනිස්සුන්ට හිතාග න්න බෑ මේ මොකද්ද කියලා. ඊළඟට තමන්ගේ දරුවෝ,

මුණුබුරෝ ගෙනල්ලා වන්දවනවා 'වැඳහං වැඳහං මේ අපේ පුතා' කියනවා.

ඊටපස්සේ මිනිස්සු බුදුරජාණන් වහන්සේට ගිහිල්ලා කිව්වා 'අනේ ස්වාමීනී, අපිට දානෙ ටිකක් දීගන්න විදිහක් නෑ. මොකද කරන්නේ?' බුදුරජාණන් වහන්සේ එදා දානෙට වැඩලා කියනවා 'උපාසකය, හැමදාම මේ ගෙදරින් දානේ වළදන්න බෑ නෙ. අනිත් අයගෙත් ආරාධනා තියෙනවා නොවැ' 'අනේ පුතණ්ඩ, එහෙමනං අනිත් අයට කියන්න ආරාධනා කළාට පස්සේ ඇවිල්ලා අපටත් කියන්න කියලා. ඊටපස්සේ අපිත් ගිහිල්ලා හවුල් වෙන්නම්' කිව්වා.

බුද්ධ මාතා, බුද්ධ පිතා....

දැන් බුදුරජාණන් වහන්සේට දානෙට ඇරයුම් කළහම ඊට පස්සේ බුදුරජාණන් වහන්සේ කියනවා 'එහෙනම් ගිහිල්ල අර උපාසක ගෙදරටත් කියන්න' කියලා. එතකොට මිනිස්සු ඒ ගෙදරටත් ගිහින් කියනවා. ඉතින් ඒ ආච්චියි සීයයි දානේ හදාගෙන අර බුදුරජාණන් වහන්සේ වඩින ගෙදරට යනවා. ඊටපස්සේ මේ දෙන්නා ප්‍රසිද්ධ වුනා බුද්ධ මාතා, බුද්ධ පිතා කියලා.

දැන් බුදුරජාණන් වහන්සේ ඒ වස් මාස තුනේ ධර්ම දේශනා කරද්දී ඔන්න ඒ දෙන්නා සෝවාන් වුනා. ආයේ ධර්ම දේශනා කරද්දී සකදාගාමීත් වුනා. ආයේ ධර්ම දේශනා කරද්දී අනාගාමීත් වුනා. ආයේ බුදුරජාණන් වහන්සේ ධර්ම දේශනා කරද්දී ඒ දෙන්නම රහත් ඵලයටත් පත් වුනා. රහත් වෙච්ච දවසෙ ම පිරිනිවන් පානවා.

මේ වයසට පලව්ච බමුණු ජෝඩුව කවුද....?

දැන් පිරිනිවන් පාන්න ඒ දෙන්නා සූදානම් වෙනකොට බුදුරජාණන් වහන්සේ සඟපිරිස පිරිවරාගෙන ඒ දෙන්නා ඉස්සර කරගෙන බුදුරජාණන් වහන්සේ පිටිපස්සෙන් වැඩියා. පිරිනිවන් පෑවා. ස්ථූපයක් හැදුවා. භික්ෂූන් වහන්සේලා කිව්වා 'භාග්‍යවතුන් වහන්ස, භාග්‍යවතුන් වහන්සේගේ පියාණන් සුද්ධෝදන රජ්ජුරුවෝ කියලා දෙව් මිනිස් ලෝකයේ කවුරුත් දන්නවා. භාග්‍යවතුන් වහන්සේගේ මෑණියන් මහාමායා බිසව කියලා දෙව් මිනිස් ලෝකයේ කවුරුත් දන්නවා. මේ වයසට පලව්ච බමුණු ජෝඩුව කවුද මේ?' කියලා ඇහුවා.

'හා... හා... මහණෙනි, එහෙම කියන්න එපා. ඔය දෙන්නා ආත්මභාව පන්සීයක් මගේ අම්මා තාත්තා වෙලා හිටියා. ආත්මභාව පන්සීයක් පුංචි අම්මයි බාප්පයි වෙලා උන්නා. ආත්මභාව පන්සීයක් ලොකු අම්මයි ලොකු තාත්තයි වෙලා හිටියා. මේ දෙන්නා ආත්මභාව තුන්දාහක් මාව වඩාගෙන හිටියා' කිව්වා. වෙන කවුද දන්නෙ මේවා සසර ගැන? එතකොට බලන්න උන්වහන්සේගේ පුබ්බේනිවාසානුස්සති ඤාණය (පෙර විසූ කඳ පිළිවෙල දක්නා නුවණ) කොහොමද කියලා. ආත්මභාව ගාණක් එතකොට වෙන අම්මා තාත්තා දෙන්නෙකුත් ඉඳලා. ඒ දෙන්නා ගැන කිසි ජාතක පොතක සඳහනක් නෑ. අනිත් එක හරි පුදුමේ කියන්නේ මේ දෙන්නට එකපාරට මතක් වුනානේ. ඒ පින නේද? ඇයි පින මෝරලා ඉන්ද්‍රිය ධර්ම මෝරලා පිරිනිවන් පෑවා.

මේ සත්වයන් උපදින්නේ කර්මානුරූපවයි....

ඊළඟට බුදුරජාණන් වහන්සේගේ නමවෙනි ඥාණය තමයි **"දිබ්බේන චක්ඛුනා විසුද්ධේන අතික්කන්තමානුසකේන සත්තේ පස්සති චවමානේ උපපජ්ජමානේ හීනේ පණීතේ සුවණ්ණේ දුබ්බණ්ණේ සුගතේ දුග්ගතේ යථා කම්මූපගේ සත්තේ පජානාති"** එතකොට බුදුරජාණන් වහන්සේ මනුස්ස දැක්ම ඉක්මවා ගිය දිවැසින් දකිනවා චුතවෙන සත්වයන්, උපදින සත්වයන්, හීන සත්වයන්, උසස් සත්වයන්, වර්ණ දුර්වර්ණ සුගති දුගතියෙහි උපදින සතුන්. **යථා කම්මූපගේ සත්තේ** යථා කියන්නේ යම්සේ. කර්මානුරූපව උපදින සතුන්. එහෙනම් මේ සත්වයන් උපදින්නේ කොහොමද? කර්මානුරූපව. එහෙනම් අපි මේ ඉපදිලා තියෙන්නේ පෙර ආත්මේ කරපු කර්මානුරූපවයි.

හේතුවයි ප්‍රත්‍යයයි අතර වෙනස....

අර නෙත්තිප්ප්‍රකරණයේ බොහොම ලස්සනට විස්තර කරනවා හේතුවයි ප්‍රත්‍යයයි කියන දෙකේ වෙනස. නෙත්තිප්ප්‍රකරණය මම සිංහලට හැරෙව්වනේ නුවණැතියන් ශ්‍රී සද්ධර්මයට පමුණුවන අසිරිමත් පොත් වහන්සේ කියලා. බදරතීර්ථ විහාරයේ දකුණු ඉන්දියාවේ හාමුදුරු කෙනෙක් තමයි ඒ පොතට අටුවාව ලියලා තියෙන්නේ. ඒ පොතේ තියෙන්නේ මහා කච්චායන මහරහතන් වහන්සේගේ දේශනා ක්‍රමය.

ඒකේ බොහොම ලස්සනට මේ හේතුවයි ප්‍රත්‍යයයි අතර වෙනස විස්තර කරනවා. 'ප්‍රත්‍යය' කියලා මහා කච්චායන මහරහතන් වහන්සේ විස්තර කරන්නේ 'පොදු

කරුණ' කියනවා. උදාහරණයක් හැටියට අපි ගත්තොත් පහන් තැටිය. දැන් පහන් තැටි සීයක් තියෙනවා කියමු. පහන් තැටි සීයක් පොළවේ තිබ්බා. පොල්තෙලුත් දැම්මා. ඒ පහන් තැටි සීයට පහන් වැටිත් දැම්මා. තාම ඇවිලිලාද? අන්න ඒ පහන් තැටිය ඕනෙ තැනක ගන්න තියෙන පොදු කරුණක් කියනවා. තෙලුත් පොදු කරුණක් කියනවා. වැටියත් පොදු කරුණක් කියනවා.

අසිරිමත් විග්‍රහ කිරීමක්....

දැන් මේ පහන් තැටියට තෙලුයි වැටියයි දාපු පමණින් පහන දැල්වෙනවා ද? නෑ. ඒකට විශේෂ කාරණයක් ඕනෙ කියනවා. ඒ මොකද්ද? ගින්නේ ස්වභාවය ඇති දෙයක් ගින්නෙන් ගන්න ඕනෙ කියනවා. ගින්නේ ස්වභාවය ඇති දෙයක් ගින්නෙන් අරං ඒක තමයි ළං කරන්නේ වැටියට. ඊටපස්සේ වැටියේ ගින්න දැල්වෙනවා. වැටියේ ගින්න දැල්වෙන්නේ අර පොදු කරුණු වල උපකාරයෙන්. තේරුණාද කියපු එක?

ඒකේ තව උපමාවක් කියනවා. පොළොව පොදු කාරණයක් කියනවා. ජලය පොදු කාරණයක් කියනවා. ඉර එළිය පොදු කාරණයක් කියනවා. එතකොට මේ පොදු කාරණය සියලු බීජ වලට පොදු නැද්ද? පොදුයි. එතකොට කෙනෙක් අඹ ඇටයක් හිටවනවා. ඊළඟට වෙරළු ඇටයකුත් හිටවනවා. කොස් ඇටයකුත් හිටවනවා. මේ තුනෙන් ඇතිවෙන්නෙ පොදු ගස් තුනක් ද, වෙනස් වෙනස් ගස් තුනක්ද? අඹ ඇටෙන් උපදින්නේ අඹ පැලයක්. වෙරළු ඇටෙන් උපදින්නේ වෙරළු පැලයක්. කොස් ඇටෙන් උපදින්නේ කොස් පැලයක්.

කර්මානුරූප බලපෑම....

නමුත් ඒ තුනට උපකාර කරගත්තු දේවල් පොළොව පොදුයි, ජලය පොදුයි, ඉර අව්ව පොදුයි. හේතුව කියන්නෙ අර බීජය වගේ එක කියනවා. ඒ වගේ කියනවා අපි උපදින්න හේතු වුනා භවය. භවය නිසා අපේ විඤ්ඤාණය කර්මානුරූපව මවු කුසකට පිවිසියා. එතකොට විඤ්ඤාණය මව් කුසට පිවිසිලා, නාමරූපයන් එක්ක එකතු වුනා. ඊට පස්සේ මවුගෙන් සහයක් නැද්ද? එතන මව කියන එක පොදු කාරණයක්. එතකොට මව ගන්න ආහාර පාන ඒවායේ බලපෑම එන්නේ නැද්ද මේකට? ඒකත් පොදු කාරණයක්. ඒ බලපෑම එන විදිහට තමයි මේ විඤ්ඤාණය එතනට සම්බන්ධ වුනේ. එහෙම තමයි දැන් අපි මේ මනුස්ස ලෝකේ ඉපදිලා ඉන්නේ.

එතකොට මේ උපන්නට පස්සේ මව් කුසේම තමයි මේ හයම හැදෙන්නේ. මොනවද හය? ඇස, කන, නාසය, දිව, කය, මනස. බුදුරජාණන් වහන්සේ විස්තර කරනවා මේ හය හැදීගෙන එනකොට කර්මානුරූපව එක්කෝ එයා ලස්සන වෙනවා, එහෙම නැත්නම් කැත වෙනවා. එහෙම නැත්නම් හීන කුළේ මව් කුසක උපදිනවා. එතකොට එයා හීන කුලේ. උපන්නේ උසස් කුලේ අම්මා කෙනෙක්ගේ කුසේ නම් එතකොට එයා උසස් කුලේ.

ලංකාවේ කුලභේදය කියන්නේ විහිලුවක්....

ලංකාවේ නම් නැහැනෙ එහෙම කුල භේදයක්. ලංකාවේ බ්‍රාහ්මණ, ක්ෂත්‍රිය කවුරුවත් නැහැ. ලංකාවේ ඉන්නේ වෛශ්‍ය, ක්ෂුද්‍ර කියන කුල දෙක. ඉන්දියාවේ

තමයි ඒක තදට තියෙන්නේ. මං තව පොඩ්ඩක් ඒක පැහැදිලි කරන්නම්. වෛශ්‍ය කියන්නේ ගොවි කුලේ. එතකොට ගොවි කුලේ ඉන්දියාවේ ක්‍රමයෙන් ගත්තොත් තුන්වෙනි කුලේ. හතරවෙනි එක (ක්ෂුද්‍ර) කම්කරු කුලේ. ඒ කුල දෙක තමයි ලංකාවේ තියෙන්නේ. ඒ නිසා ලංකාවේ 'අපි උසස් කුලේ, අරයා පහත් කුලේ' කියලා කිව්වට කිසි වැඩක් නෑ.

කුලේ ගැන දන්න එක්කෙනෙක් එක්ක හැබෑ ලෙස එහෙම කථාකරන්න බෑ. දැන් බමුණෙක් ගාවට ගිහිල්ලා කෙනෙක් කියනවා කියමු 'අපි ගොවිගම' කියලා. 'අනේ පලයන්න' කියයි. තව අහයි 'මව්පිය පරම්පරාවෙන් කොච්චර පිරිසිදුද උඹ?' කියලා. ඒ නිසා මේ ලංකාවේ කුලභේදය කියන්නේ විහිළුවක්. ඒක අපේ වාසනාවට වුනේ. කුලභේදය තිබුනා නම් විනාසයි. යන්තම් තියෙන මේ සොච්චමෙනුත් විඳවනවා.

කුල භේදය ඉන්දියාවේ තියෙන්නේ....

අම්මේ... බලන්න ඕන අර සැවැත් නුවර, රජගහ නුවර ගිහිල්ලා. රජගහ නුවර අර සප්තපර්ණී ගුහාව ළඟ තියෙනවා උණුවතුර ළිං. ඉස්සර මං ඔය රජගහ නුවර ඉන්නකොට පාන්දර යනවා නාගන්න උණුවතුර ළිං වලට. අපට නාගන්න පුළුවන්. කුලේ අඩු අයට නාන්න දෙන්නේ නැහැ. එතකොට ඒ නාන වතුර ටික ඔක්කොම කාණුවෙන් ඇවිල්ලා අළුපාටට හුරු ගොරෝසු වතුරක් පිට වෙලා යනවා.

අර හීන කුලේ මිනිස්සු ඔක්කොම නාන්නේ, හෝදන්නේ ඒකෙන්. මේක මගේ ඇස්දෙකට දැක්කා. අම්මෝ..... මෙච්චර අසාධාරණයක් ද මේ ලෝකේ කියලා හිතෙනවා. ඉතින් මං කිව්වේ එහෙම හරි දුකක් තියෙනවා. දැන් නම් ඉතින් පොඩ්ඩක් වෙනස්. දැන් ඉතින් අඩු කුලේ වුනත් සල්ලි තියෙන මනුස්සයෙකුට කෝච්චියේ ටිකට් එකක් අරගෙන හොඳ සීට් එකක යන්න පුළුවන්. ප්ලේන් වල ඔය බිස්නස් ක්ලාස් එකේ හොඳ ලොකු සීට් එකක් අරගෙන යන්න පුළුවන්. දැන් ඉතින් පොඩ්ඩක් වෙනස්. ඉස්සර එහෙම නෑ.

තමන්ට වුවමනා නැති කර්ම රැස්කරන අය....

ඉතින් ඒ විදිහට අඩු කුලේ උපදින්නේ කර්මානුරූපව. කර්මානුරූපව තමයි නිරයේ උපදින්නේ. කර්මානුරූපව තමයි ප්‍රේත ලෝකයේ උපදින්නේ. දැන් බලන්න ප්‍රේත ලෝකෙ අර උගුරු කට තියෙන පෙරේතයාගේ විස්තරේ. කර්මානුරූපව නේ ඒ පෙරේතයා උපන්නේ. දැන් සමහරු මේ ආත්මේ වහ කාලා මැරෙන අය ඉන්නවනේ. පෙරේතයා වෙලා උපන්නට පස්සෙත් අර දැවිල්ලෙන් මයි ඉන්නේ අවුරුදු ගාණක්. සමහරු බෙල්ලේ වැල දාගෙන මැරෙන අය ඉන්නවනේ. පෙරේතයා වෙලා උපන්නට පස්සෙත් බෙල්ලේ ලණුව තියෙනවා. සමහරු කෝච්චියට පැනලා මැරෙනවා. පෙරේතයා වෙලා ඉපදුනාට පස්සෙත් ඇඟ දැවිල්ලෙන් හූ කිය කියා යනවා. ඒ මොකද හේතුව? තමන්ට වුවමනා නැති කර්මයක් තමන් රැස්කර ගත්තා.

මේක පැරණි කර්මයක්....

සාමාන්‍යයෙන් මනුස්ස ලෝකේ අපි ඉපදිලා ඉන්නේ විඳවන්නයි. බුද්ධ දේශනාවේ තියෙන්නේ කොහොමද මේ ජීවිතය ගැන? "**පුරාණමිදං භික්ඛවේ කම්මං**" 'මහණෙනි මෙය පුරාණ කර්මයකි' "**අභිසංඛතං**" විශේෂයෙන් සකස් කළ දෙයකි. "**අභිසඤ්චේතයිතං**" චේතනාවෙන් විශේෂ කොට සකස් කළ දෙයකි. "**වේදනීයං දට්ඨබ්බං**" විඳවා විඳවා දත යුත්තේය. විඳවන කොට කෙනෙක් ඒ කර්ම විපාකය, එයා උපේක්ෂා සහිතව මෛත්‍රී සිතින් වින්දොත්, ඉක්මනට ගෙවිලා යනවා. අකුසල විපාකයක් නම් ඒක ඉක්මනට ගෙවිලා යනවා.

අහෝසි කර්ම කියන්නේ....?

ඔන්න සෝතාපන්න වෙච්ච කෙනෙකුට සතර අපාය අහෝසි කර්මයක්. සකදාගාමී වෙච්ච කෙනෙකුටත් සතර අපාය අහෝසි කර්මයක්. දෙව් මිනිස් ලෝකෙ තියෙනවා. අනාගාමී වෙච්ච කෙනෙකුට කාම ලෝකය අහෝසි කර්මයක්. රහතන් වහන්සේට ත්‍රිවිධ භවයම අහෝසියි. එහෙමයි ඕක බලන්න තියෙන්නේ.

එතකොට බුදුරජාණන්වහන්සේ දකිනවා, මේ ලෝක සත්වයා නිරයේ ඉපදිලා විඳවනවා. උන්වහන්සේ දේශනා කළා නිරයේ තියෙන විස්තරේ වචනයෙන් කියන්න බෑ කියලා. එතකොට තිරිසන් අපායේ තියෙන විස්තරෙත් වචනයෙන් කියන්න බෑ කියනවා. එච්චරම තිරිසන් අපායේ සත්වයන් දුක් විඳිනවා කියනවා. ප්‍රේත ලෝකෙත් එහෙමයි.

මනුස්ස ලෝකෙ වුනත් මිනිස්සු කොච්චර දුක් විඳිනවද....

මනුස්ස ලෝකෙත් මනුෂ්‍යයා විශාල දුකක් විඳිනවනේ. දැන් මනුස්ස ලෝකේ සම්මත සුගතියක් හැටියටනේ. නමුත් මේ සුගතිය වුනත් මිනිස්සු දුකක් විඳිනවද නැද්ද? මේ විඳින දුක කෙරෙහි කළකිරීම තමයි බුද්ධිමත් මනුෂ්‍යයා කරගත යුත්තේ. ආයේ නැවත නැවත මේකේ උපදින්න ආසා කිරීම නොවෙයි. එතකොට බුදුරජාණන් වහන්සේගේ නවවන ඤාණය තමයි චුතූපපාත ඤාණය. සත්වයන් චුතවන ආකාරයත් උපදින ආකාරයත් දැකීමේ ඤාණය. බුදුරජාණන් වහන්සේ ගාවට ආනන්ද හාමුදුරුවෝ එක්තරා අවස්ථාවක ගිහිල්ලා අහනවනේ මේ අසවල් අසවල් අය මැරුණා, කොහෙද උපන්නේ? කියලා. උන්වහන්සේ එවෙලේම කියනවා අසවලා අසවල් තැන උපන්නා කියලා.

ආශ්‍රව ක්ෂය කරන්නේ ප්‍රඥාවෙන්....

ඊළඟ දහවන ඤාණය තමයි උන්වහන්සේ තුළ කෙලෙස් නෑ. ආශ්‍රවයන් අවබෝධ කරලා, ආශ්‍රවයන් ක්ෂය වූ බව දන්නා නුවණ. ආශ්‍රව ක්ෂය කරන්නේ ප්‍රඥාවෙන්. බුදුරජාණන් වහන්සේ දේශනා කරලා තියෙන්නේ ඒකට ප්‍රඥා ආයුධය කියලා. **"යෝධේථ මාරං පඤ්ඤාවුධේන - ජිතං ච රක්ඛේ අනිවේසනෝ සියා"** උන්වහන්සේ දේශනා කළේ ප්‍රඥාව මොකක් වගේද? ආයුධයක් වගේ කියලා.

මේ ආශ්‍රවයන් ගැන උන්වහන්සේට කොච්චර අවබෝධයක් තියෙනවද කියන්නේ උන්වහන්සේ දේශනා කළා,

"යථාපි මූලේ අනුපද්දවේ දළ්හේ
ඡින්නෝපි රුක්ඛෝ පුනරේව රූහති
ඒවම්පි තණ්හානුසයේ අනූහතේ
නිබ්බත්තති දුක්ඛමිදං පුනප්පුනං"

උන්වහන්සේ දේශනා කළා මුල් සින්ද නැති වෘක්ෂයක් තියෙනවා නම් 'යථාපි මූලේ අනුපද්දවේ දළ්හේ' දැඩි මුල් කපපු නැති ගහක් තියෙනවා නම් 'ඡින්නෝපි රුක්ඛෝ' ගහ කැපුවත් 'පුනරේව රූහති' ආයෙමත් ඒක පැළවෙනවා. 'ඒවම්පි තණ්හානුසයේ අනූහතේ' ඒ වගේ තමයි කියනවා මේ සිතේ අප්‍රකටව තියෙන තණ්හාව සම්පූර්ණයෙන්ම ප්‍රහාණය නොකළොත් 'නිබ්බත්තති දුක්ඛමිදං පුනප්පුනං' මේ දුක නැවත නැවත උපදී.

භාග්‍යවතුන් වහන්සේ ඒ තණ්හාව මුළමනින්ම ප්‍රහාණය කළා....

එතකොට දුක නැවත නැවත උපද්දවන්න හේතුවන අකුසල්, අනුසය, ඊළඟට සංයෝජන, ආශ්‍රව, කෙලෙස් යෝග, කෙලෙස් අංග, කෙලෙස් ඕස මේ සෑම දෙයක්ම බුදුරජාණන් වහන්සේ ප්‍රහාණය කළා. ප්‍රහාණය කරලා උන්වහන්සේ අරහත්වයට පත් වුනා. නිකෙලෙස් වුනා. ආසවක්ඛය ඤාණය ලැබුවා. එතකොට ඒක තමයි දසවෙනි ඤාණය. මේ ඤාණ බල දහයට මොකක්ද කියන්නේ? දසබල ඤාණ.

අනිත් ආගමික ශාස්තෘවරුන් ගැනත් විමසලා බලන්න....

දැන් ඔබ වෙන ඕන ආගමක කර්තෘවරයෙක් ගැන විමසලා බලන්න මේවා අහලකවත් තියෙනවාද? කියලා.

නිදහසේ විමසල බලන්න මේ වගේ ඤාණ දහයක් තියෙන කෙනෙක් කොහෙවත් වෙන ඉන්නවාද කියලා. මම නම් දන්න විදිහට එහෙම කවුරුවත් නෑ. හැමෝම හිටියේ මේ නොපෙනෙන ලෝකයේ නියෝජිතයෝ හැටියටයි. අනිත් සියළු ආගම් වල කාණ්ඩේ නොපෙනෙන ලෝකයේ නියෝජිතයෝ මිසක් පේන ලෝකයේ ප්‍රඥාවන්ත, ඤාණයක් උපදවා ගත්තු, සිංහනාද කරපු අය නෙමෙයි. ඒකට ප්‍රඥාව ඕනෙ නෑ. ඒකට සාමාන්‍ය විශ්වාසය තිබ්බහම ඇති. මේකට එහෙම නෑ.

හොඳින් විමසා බලන්න ඕනේ....

මං කිව්වේ ඒකයි, නිකං කියන්නං වාලේ නෙමෙයි, අපි තෙරුවන් සරණේ මනාකොට පිහිටන්න නම්, බුදුරජාණන් වහන්සේ සරණ යන්න නම්, අපි විමසා බලන්න ඕනේ 'අපේ මේ සරණ යාම හරිද? අපි සරණ යන්න තෝරගත්තු කෙනා හරිද? එයා කවුද? අපිට සරණක් වෙන්න එයාට පුලුවන්ද?' කියලා.

එහෙම හොයලා බලද්දී තමයි අපට තේරෙන්නේ 'මොකක්දෝ වාසනාවකට නොවැ අපි මේ බුදුරජාණන් වහන්සේව සරණ ගිහින් තියෙන්නේ' කියලා. අන්න එතකොට තමන්ට හිතට සතුටක් ඇතිවෙනවා. ප්‍රීතියක් ඇතිවෙනවා. සන්තෝසයක් ඇතිවෙනවා. 'අනේ මට විශාල පිහිටක් ලැබුණා' කියලා සිතේ ප්‍රීතිය හටගන්නවා. එහෙම තමයි සරණ ඇතිකර ගන්නේ.

තමන්ගේ දුර්වලකම් මේකට කලවම් කරගන්න එපා....

අපි සවස් වරුවේ කියාදෙන්නම් ඔබට බුදුරජාණන් වහන්සේගේ විශාරද ඤාණ හතර. ඒ ගුණ ආශ්‍රයෙන් අපි

බුදුරජාණන් වහන්සේ සරණ යන්නේ කොහොමද, ඊළඟට ධර්මය සරණ යන්නේ කොහොමද, ශ්‍රාවක සංඝයා සරණ යන්නේ කොහොමද කියලා දැනගත්තට පස්සේ අපට අවබෝධයෙන්ම සරණ යන්න පුළුවන්. හැබැයි ඒ විදිහට සරණ ගියාට පස්සේ ඒ සරණත් එක්ක අපේ දුර්වලකම් කලවම් කරගන්න එපා. තේරුණාද කියන එක?

කලබල නොවී, ඉවසීමෙන්, බුද්ධිමත්ව....

අපි කිවුවොත් ධර්මය ගැන හොඳට නිශ්චයකට එන්න හැකියාවක් නැත්නම්, තේරුමක් නැත්නම්, එක එක්කෙනා කියන ඒවට හූමිටි තියාගෙන යන්න එපා. 'හා... ඔහොම කරලා හරියන්නෙ නෑ. ඔයිට වඩා මේ කෙටි ක්‍රම තියෙනවා' කියලා එහෙම කියන අය ඉන්නවා නේ. ඒවට හූමිටි තියාගෙන යන්න එපා. කලබල වෙන්නේ නැතුව, හොඳට ඉවසගෙන, හොඳට බුද්ධිමත්ව තමයි මේ ගමන යන්න ඕන. නැත්නම් අපට වෙන්නේ අසවලා මෙසේ කිව්වේය, අසවලා මෙසේ කිව්වේය කියලා තමන්ගේ සරණ අනුන් පිට තමයි දාන්න වෙන්නේ. අනුන් පිට දාලා තමන්ගේ සරණ කවදාවත් පිහිටන්නේ නෑ. ණයට ගන්න බෑ සරණ කියන එක. තමන් ම තමන් විසින් ඇතිකර ගන්න ඕනේ. එහෙම සරණ පිහිටගන්න අපිට වාසනාව ලැබේවා....!

සාදු! සාදු!! සාදු!!!

02.
සවස් වරුවේ ධර්ම දේශනය...

ශ්‍රද්ධාවන්ත පින්වත්නි,

අද උදේ වරුවේ අපි ඉගෙන ගත්තේ බුදුරජාණන් වහන්සේගේ බල දසය ගැන. උන්වහන්සේට ඤාණබල දහයක් තිබුන බව උන්වහන්සේ දේශනා කළා. එතකොට ඒ ඤාණබල දහය නිසා උන්වහන්සේ නිර්භය තත්වයට පත්වුනා. උන්වහන්සේ පිරිස් මැදට ගිහින් සිංහනාද කළා. උන්වහන්සේ ධර්ම චක්‍රය කරකැව්වා. ඒ සියල්ල කළේ අර තථාගත බල දහයෙන්.

මේකෙන් අපට පේනවා මේ ධර්මය ප්‍රචාරය කරවලා මේ සත්වයා සසරින් එතෙර කරවනවා කියන කාරණය සුළුපටු කෙනෙකුට කරන්න බෑ. ඒක බුදු කෙනෙක් ම තමයි කරන්නේ. මොකද හේතුව ඒ විදිහට බුද්ධත්වයට පත්වුනාට පස්සේ බුදු කෙනෙකුට පහළ වෙනවා මේ කතා කිරීමේ හැකියාව. උන්වහන්සේගේ ධර්මය අර්ථ සහිතයි. ව්‍යඤ්ජන සහිතයි. ඒ කියන්නේ අන් අයට අවබෝධ වෙන ආකාරයට ඒ අර්ථය ඉස්මතු වෙන

ආකාරයට වචන කතා කිරීමේ හැකියාව උන්වහන්සේට පිහිටා තියෙනවා. ඒක වෙන කාටවත් කරන්න බෑ.

යෝනිසෝ මනසිකාරය කියන්නේ උපතින් ලබන හැකියාවක්....

ඊළඟ එක තමයි බුද්ධ දේශනාවකින් විතරයි යෝනිසෝ මනසිකාරය උපදින්නේ. දැන් අපි අහලා තියෙනවනෙ වචනයක් යෝනිසෝ මනසිකාරය කියලා. යෝනිසෝ මනසිකාරය කියන එකට අපි අපේ භාෂාවෙන් මොකක්ද කියන්නේ? නුවණින් විමසීම. නුවණින් මෙනෙහි කිරීම. ඒ නුවණ යෙදීම කියන එක කෙනෙකුගේ හිතක එයා උපතින් ලබන හැකියාවක්. හැබැයි ඒ උපතින් ලබන හැකියාව විවෘත වෙන්නෙ නෑ බුද්ධ වචනයක් අහන්නෙ නැතුව.

දැන් අපි ගත්තොත් සාරිපුත්ත මහ රහතන් වහන්සේ. උන්වහන්සේගේ නම පැවිදි වෙන්න කලින් උපතිස්ස. මහා මොග්ගල්ලාන මහ රහතන් වහන්සේ පැවිදි වෙන්න කලින් කෝලිත. මේ උපතිස්ස, කෝලිත කියන යහළුවෝ දෙදෙනා දෙසිය පණහක් පිරිස සමග මේ ධර්මය හොයාගෙන ගියා. ගිහින් සංජය කියන පිරිවැජියෙකුගේ ආශ්‍රමයක කල් ගෙව්වා. ධර්මයේ නාමයෙන් තිබ්බ්ච දේවල් ඇහුවා. ඇහුවා කියලා යෝනිසෝ මනසිකාරය ඇති වුනේ නෑ. ප්‍රඥාවේ දුර්වල කමක් තිබිලා නෙමෙයිනෙ. ප්‍රඥාව තියෙනවා. ඒ ප්‍රඥාව තිබුනට ඒ ප්‍රඥාව වැඩෙන්නෙ නෑ වුවමනා දේ ඇහෙනකම්.

පොකුණෙන් උඩට මතුවෙච්ච මෝරපු නෙළුම් පොහොට්ටුවක් වගේ....

යෝනිසෝ මනසිකාරය කියලා කියන්නේ ඒක හරියට අන්ධකාර වෙලාවක පොකුණක මෝරලා උඩට ආපු නෙළුම් පොහොට්ටුවක් වගේ. එතකොට මෝරපු නෙළුම් පොහොට්ටුව පොකුණේ තියෙනවා පොකුණෙන් උඩටත් ඇවිල්ලා, හොඳට ඒ නෙළුම් පෙතිත් මෝරලා. හැබැයි පිපෙන්නෙ නෑ. ඇයි පිපෙන්නෙ නැත්තේ. අන්ධකාරෙ නිසා. එතකොට යම් වෙලාවක සූර්යෝදය වෙනවද, ඒ හිරු කිරණ වැටුනහම අර නෙළුම් පොහොට්ටුවට මොකද වෙන්නේ? ඒකෙ තියෙන්නේ නිසර්ග සිද්ධියක්. ඒ කියන්නෙ ඒකට අදාළ, ඒකට ම සිද්ධ වෙන්න ඕන සිද්ධියක් තමයි එක එක නෙළුම් පෙති විකසිත වෙන එක.

යෝනිසෝ මනසිකාරය සම්බන්ධ වෙන්නේ බුද්ධ දේශනාවත් එක්කයි....

මේ වගේ තමයි මහා පින්වන්ත අයට නුවණින් මෙනෙහි කිරීමේ හැකියාව තියෙනවා. හැබැයි ඒක ඇතුලේ තියෙන්නේ. එතකොට ඒක විවෘත වෙන්නේ, ඒක උපදින්න පටන් ගන්නේ බුද්ධ දේශනා ඇහුනාමයි. එතකොට යෝනිසෝ මනසිකාරය කියන එක වෙන ලෞකික දෙයක් එක්ක සම්බන්ධ වෙන්නෙ නෑ. ඒක සම්බන්ධ වෙන්නෙ බුද්ධ දේශනාවත් එක්කයි. එතකොට බුද්ධ දේශනාවත් එක්ක ඒ යෝනිසෝ මනසිකාරය කියන හැකියාව, නුවණින් මෙනෙහි කිරීමේ හැකියාව හිතේ

වැඩ කරන්න ගත්තහම එයා කුසල් වඩනවා. අකුසල් දුරු කරනවා. ප්‍රඥාව දියුණු කරනවා. එතකොට මේ සියලුම දේ වෙන්නේ බුද්ධ වචනය හරහා. වෙන ක්‍රමයක් හරහා වෙන්නෙ නෑ.

වන්දේ විසාරදං බුද්ධං....

මේ හැකියාව බුද්ධ වචනයකට පිහිටලා තියෙන්නේ බුදුරජාණන් වහන්සේගේ තියෙන මේ දසබල ඥාණ නිසා. මේ දසබල ඥාණ වලින් තමයි උන්වහන්සේ ඒ කටයුතු කරන්නේ. ඒ වගේම උන්වහන්සේ විශාරදයි. විශාරදයි කියලා කියන්නේ බුදුරජාණන් වහන්සේට ලෝකෙ අභියෝග නෑ. කාටවත් මොනම ක්‍රමයකින් වත් උන්වහන්සේට අභියෝග කරන්න බෑ. මේකේ විශාරද ඥාණ හතරක් තියෙනවා. උන්වහන්සේ විස්තර කරනවා. **"චත්තාරිමානි සාරිපුත්ත, තථාගතස්ස වේසාරජ්ජානි"** සාරිපුත්ත, තථාගතයන් හට විශාරද ඥාණ සතරක් ඇත. එතකොට බල කීයක්ද තිබුනේ? දහයක්. විශාරද ඥාණ සතරක්.

කිසි කෙනෙකුට අභියෝග කරන්න බෑ....

මේ විශාරද ඥාණයන්ගෙන් සමන්විත වූ තථාගත තෙමේ නිර්භය බව ප්‍රතිඥා දෙනවා. පිරිස් මැද සිංහනාද කරනවා. බ්‍රහ්ම චක්‍රය පවත්වනවා. මොකක්ද ඒ? මේ ලෝකයේ කිසි ශ්‍රමණයෙකුට, කිසි බ්‍රාහ්මණයෙකුට, කිසි දෙවියෙකුට, කිසි මාරයෙකුට, කිසි බ්‍රහ්මයෙකුට, ලෝකෙ කාටවත් උන්වහන්සේට චෝදනා කරන්න බෑ කියනවා, ඇඟිල්ල දික් කරලා කියන්න බෑ කියනවා මෙහෙම. " ඔබවහන්සේ ප්‍රතිඥා දෙනවා සම්මා සම්බුද්ධයි කියලා. ඒ කියන්නේ? ගුරූපදේශ රහිතව අවබෝධ කළයුතු සියල්ල

අවබෝධ කළා කියලා ප්‍රතිඥා දෙනවා. ඒ වුනාට මෙන්න මෙව්වා අවබෝධ කරලා නැහැ නොවැ" කියලා අවබෝධ නොකරපු දෙයක් කරුණු සහිතව කාටවත් පෙන්නන්න බෑ කියනවා.

දැන් මේවා උන්වහන්සේ දේශනා කළේ රහසේද? නෑ. එළිපිට. එතකොට එළිපිට දේශනා කළේ කොහොමද? ශ්‍රමණයෙකුට අභියෝග කරන්න බෑ කියනවා. බ්‍රාහ්මණයෙකුට අභියෝග කරන්න බෑ කියනවා. දෙවියෙකුට අභියෝග කරන්න බෑ කියනවා. මාරයෙකුට අභියෝග කරන්න බෑ කියනවා. බ්‍රහ්මයෙකුට අභියෝග කරන්න බෑ කියනවා. ලෝකෙ කාටවත් අභියෝග කරන්න බෑ කියනවා 'ඔබවහන්සේ සම්බුද්ධයි කියනවා. නමුත් මේ මේ දේවල් අවබෝධ කරලා නැනෙ' කියලා.

මේ ලෝකෙ වෙන කාටද මෙහෙම කියන්න පුළුවන්....?

ඊළඟට දේශනා කරනවා "සාරිපුත්ත, තව කෙනෙකුට එහෙම චෝදනා කරන්න පුළුවන් කිසි නිමිත්තක්, කිසි අරමුණක් මම දකින්නෙ නෑ" කියනවා. මේකේ ලස්සන වචන ටිකක් කියනවා. **"ඒතම්පහං සාරිපුත්ත නිමිත්තං අසමනුපස්සන්තෝ"** ඒ නිසා සාරිපුත්තය, මේ කාරණය සම්බන්ධයෙන් නිමිත්තක්වත් දකින්නෙ නැති නිසා **"ඛේමප්පත්තෝ"** නිර්භය තැනට පත්වෙලා ඉන්නවා කියනවා. **"අභයප්පත්තෝ"** භය රහිතව ඉන්නවා කියනවා. **"වේසාරජ්ජප්පත්තෝ විහරාමි"** විශාරද බවට පැමිණ වසනවා. ඕක ලෝකෙ වෙන කාටවත්ම කියන්න බෑ.

සාමාන්‍ය ලෝකෙත් කතා කරනවනෙ 'මට අභියෝග කරන්න කවුරුත් නෑ' කියලා ඔහොම කියන අය නැද්ද? යන්තම් මේ චුට්ටක් සොච්චමක් ඉගෙනගෙන එහෙම කියන අය නැද්ද? 'මට අභියෝග කරන්න කවුරුත් නෑ. මේ වගේ වැඩක් මං ඇර වෙන කවුද කරන්නෙ' කියලා කියන්නෙ නැද්ද ලෝකෙ. එහෙම කියනවා. හැබැයි ඒ හැම එක්කෙනෙකුට ම අභියෝගයක් තියෙනවා. කවුරුත් හිතන්නෙ නැති අය අභියෝග කරනවා මිනිස්සුන්ට. ඒක ඊයෙත් වුනා. අදත් වෙනවා. හෙටත් වෙනවා.

බුදුරජුන්ටත් අභියෝග කරපු අය හිටියා....

බුදුරජාණන් වහන්සේට අභියෝග කරපු අය නෑ කියලද හිතන්නෙ ඔබ? බුදුරජාණන් වහන්සේට අභියෝග කරපු අය හිටියා. විසාලා මහනුවර පාථික කියලා තාපසයෙක් හිටියා. ඒ පාථික තාපසයා කිව්වා "ශ්‍රමණ ගෞතමයනුත් ඤාණවාදියෙක්. නුවණ ගැන කතා කරනවා. මමත් නුවණ ගැන කතා කරනවා. ශ්‍රමණ ගෞතමයනුත් ඉර්ධි ප්‍රාතිහාර්ය දක්වනවා. මමත් ඉර්ධි ප්‍රාතිහාර්ය දක්වනවා. ශ්‍රමණ ගෞතමයන් මාත් එක්ක ඉර්ධි ප්‍රාතිහාර්යයට තරඟ කරන්න එක පියවරක් ඉස්සරහට ආවොත් මම පියවර දෙකක් ඉස්සරහට එනවා. පියවර හතරක් ඉස්සරහට ආවොත් මම පියවර අටක් ඉස්සරහට එනවා. ශ්‍රමණ ගෞතමයන් එක ප්‍රාතිහාර්යයක් පෑවොත් මං දෙකක් පානවා. ශ්‍රමණ ගෞතමයන් ප්‍රාතිහාර්ය දෙකක් පෑවොත් මම හතරක් පානවා. ශ්‍රමණ ගෞතමයන් මොකක්ද කරන්නෙ මම ඒක ඩබල් කරලා පෙන්නනවා" කිව්වා.

දැන් මේක හැම තැනම හා හෝ ගාලා පැතිරුනා....

එතකොට ඔය මතය විශ්වාස කරපු එක්කෙනෙක් හිටියා බුදුරජාණන් වහන්සේ ළඟ පැවිදි වෙලා. ලිච්ඡවී රාජපුත්‍රයෙක් හිටියා එයාගේ නම සුනක්ඛත්ත. එතකොට සුනක්ඛත්ත අර පාථිකයාට පැහැදුනා. පැහැදිලා බුදුරජාණන් වහන්සේට ගිහිල්ලා කිව්වා "භාග්‍යවතුන් වහන්ස, මෙන්න මෙහෙම අසවල් තැන ඉන්න පාථික කියන තාපස උන්නැහේ මේං මෙහෙම කතාවක් පතුරවනවා" කියලා කිව්වා.

එතකොට බුදුරජාණන් වහන්සේ වදාළා. " සුනක්ඛත්තය, ඔය පාථික කියන පුද්ගලයා ඔය කියන කතාව හිතින් අස් කරන්නෙ නැතුව ඔය කියන කතාව හිතෙන් අයින් කරගන්නෙ නැතුව ඕක නවත්තන්නෙ නැතුව මා ඉස්සරහට එන්න බෑ. ඒ කතාව කර කරා මා ඉස්සරහට ආවොත් එයාගේ හිස කඩාගෙන වැටෙනවා" කිව්වා. කියනකොට සුනක්ඛත්ත කියනවා "හා... හා... භාග්‍යවතුන් වහන්ස, එහෙම කතා කරන්න එපා" කිව්වා. එතකොට ඇහුවා "ඇයි සුනක්ඛත්ත, එහෙම කතා කරන්න එපා කිව්වේ?" එතකොට කියනවා "භාග්‍යවතුන් වහන්ස, බැරිවෙලාවත් ඔය පුද්ගලයා වෙනත් අමනුෂ්‍යයෙකුගේ වේශයෙන්, සතෙකුගේ වේශයෙන් වෙස් මාරු කරන් ආවොතින් මුලිච්චි වෙනවා නොවැ" කියලා කිව්වා. එතකොට සුනක්ඛත්තට බුදුරජාණන් වහන්සේ කිව්වා " නෑ සුනක්ඛත්ත, කොයි විදිහට ආවත් එන්න බෑ. හිස කඩාගෙන වැටෙනවා" කිව්වා.

පාථිකයා පැනලා දිව්වා....

ඊට පස්සේ කිව්වා "මම දැන් යනවා එයාව හම්බ වෙන්න" කියලා ඔන්න බුදුරජාණන් වහන්සේ ඒ පාථික ඉන්න තැනට වැඩියා. වැඩලා ඒ පාථිකයාගේ ආශ්‍රමය තුළ බුදුරජාණන් වහන්සේ සක්මන් කරනවා එළියේ. දැන් ආරංචි වුනා පාථික තාපසයාට මෙහෙම ඇවිල්ලා ඉන්නවා කියලා. තාපසයා පැනලා දිව්වා.

ඔය අතරේ සුනක්ඛත්ත ගිහින් ලිච්ඡවී රජදරුවන්ට (ඒ කාලේ ඒගොල්ලන්ගේ දේශපාලන රැස්වීම් තියෙනවනෙ. ගණතන්ත්‍ර ආණ්ඩුවක්නෙ තිබුනේ. ඒ රැස්වීම් වලට සහභාගී වෙච්ච) මැති ඇමැතිවරුන්ට, නගරවාසීන්ට කියනවා "වරෙල්ලා හනික... ආන්න මහා ප්‍රාතිහාර්ය තරඟයක්. අන්න භාග්‍යවතුන් වහන්සේ එකයි පාන්නේ. අරයා දෙකක් පානවා. භාග්‍යවතුන් වහන්සේ දෙකයි පාන්නේ. අරයා හතරක් පානවා. වරෙල්ලා බලන්න යන්න" කියනවා.

දහස් ගාණක් රැස්වුනා. පාථිකයා නෑ....

ඊට පස්සේ බුදුරජාණන් වහන්සේ වදාළා "එයාට මං ඉස්සරහට එන්න බෑ. එයා ආවොත් හිස ගැලවිලා වැටෙනවා" ඊට පස්සේ ඇමතිවරයෙක් ගියා. ගිහිල්ලා කිව්වා "පාථිකය, අන්න ශ්‍රමණ ගෞතමයන් වහන්සේ ඔබගේ ආශ්‍රමයට ඇවිල්ලා අන්න ඉන්නවා කිව්වා. යං... නැගිටිනවා" කිව්වා. නැගිටින්න බෑ. ඇයි? අර ආසනයේ සට්ටම ඇලිලා. ඊට පස්සේ අහනවා නුඹේ සට්ටම් ආසනයට ඇලුනද? ආසනය සට්ටමට ඇලුනද? කියලා. සට්ටමෙයි කිව්වේ පස්ස පැත්ත. මේක ඇලිලා ආසනයේ.

ඊට පස්සේ අරයා "නෑ.. ඇවැත්නි, මම නැගිටිනවා නැගිටිනවා. නැගිටගන්න බෑ. ඇලිලා"

ඊට පස්සේ බුදුරජාණන් වහන්සේ ගාවට ආයෙ ගිහිල්ලා කිව්වා "ස්වාමීනී, මේ පුද්ගලයා නැගිටිනවා නැගිටිනවා කියනවා. නැගිටින්න බෑ" කියනවා. ඊට පස්සේ කිව්වා "නෑ.. කඹෙන් ඇද්දත් දෙකට කැඩෙයි එන්න බෑ" කිව්වා. ඉතින් බුදුරජාණන් වහන්සේට ඒ විදිහට මෝඩ මිනිස්සු අභියෝග කළේ නැද්ද? අභියෝග කළා. ඒ වගේ දේවල් ගොඩක් තියෙනවා දේශනා වල විස්තර වෙන.

අන්ධ වෙච්ච එළදෙනක් වගේ....

එක මනුස්සයෙක් කිව්වා "මේ ශ්‍රමණ ගෞතමයන් ඔය වනාන්තරයේ ඉන්නේ අන්ධ වෙච්ච එළදෙනක් වගේ නොවැ. ඔය අන්ධ වෙච්ච එළදෙන්නු යනකොට හැප්පෙයි කියලා බිත්ති වලට හේත්තු වෙවී පාරේ යන්නේ. ඒ වගේ ඔය හැංගිලා යන්නේ. වනාන්තරේ ම ඔය ප්‍රඥාව මොට්ට වෙලා තියෙන්නේ" කිව්වා. එහෙම කියපු තාපසවරු හිටියා. නිග්‍රෝධ පරිබ්‍රාජක සූත්‍රය බලන්න. එතකොට ඒ අභියෝග නෙමෙයි ද උන්වහන්සේට ආපු. උන්වහන්සේට ඒ කාලේ අභියෝග ආවා.

නමුත් ඒ සියලු අභියෝග වලදී උන්වහන්සේට බියක් තැතිගැනීමක් කිසි දෙයක් හටගන්නේ නෑ. උන්වහන්සේ අභයප්‍රාප්ත ඒ කියන්නේ බිය නැති බවට පත්වෙලා වාසය කළේ. පළවෙනි විශාරද ඤාණය මොකක්ද එතකොට? උන්වහන්සේගේ සම්බුද්ධත්වයට ලෝකෙ කිසි කෙනෙකුට අභියෝග කරන්න බෑ. ඒක තමයි පළවෙනි විශාරද ඤාණය.

සියලු කෙලෙසුන් නැසූ සේක....

දෙවෙනි විශාරද ඤාණය තමයි උන්වහන්සේ ප්‍රතිඥා දුන්නා. ප්‍රතිඥා දුන්නා කියන්නේ? තමන් ගැන ස්ථිර වචනයක් කියනවා මම මෙහෙම කෙනෙක් කියලා. උන්වහන්සේ ප්‍රතිඥා දුන්නා උන්වහන්සේට ආශ්‍රව නෑ කියලා. කෙලෙස් නෑ කියලා. තමන් වහන්සේ කෙලෙසුන්ගෙන් මිදුනා, නිදහස් වුනා කියලා උන්වහන්සේ ප්‍රතිඥා දුන්නා.

ප්‍රතිඥා දුන්නයින් පස්සේ මිනිස්සු බලනවා නේද මේක හැබෑද කියලා. අදත් කවුරුහරි කිව්වොත් මම රහත්, නැත්නම් මම අසවල් මගඵලේ කියලා සාමාන්‍ය මිනිස්සු බලන්නෙ නැද්ද මේක හැබෑද? මේක බොරුවක්ද? කියලා. සාමාන්‍ය මිනිස්සු විමසන්නෙ නැද්ද අදත්? විමසනවා. මේ වගේ ඒ කාලෙත් විමසනවා.

බුදුරජාණන් වහන්සේට කෙලෙස් තියෙනවා කියලා ඔප්පු කරන්න බැරිවුනා....

බුදුරජාණන් වහන්සේ වදාළා එහෙම විමසද්දී කිසි ශ්‍රමණයෙකුට, කිසි බ්‍රාහ්මණයෙකුට, කිසි දෙවියෙකුට, කිසි මාරයෙකුට, කිසි බ්‍රහ්මයෙකුට, ලෝකෙ කිසිවෙකුටවත් 'ඔබවහන්සේ නිකෙලෙස් කියලා කිව්වට මේ මේ කෙලෙස් ඔබවහන්සේ තුළ තියෙනවා කියලා අභියෝග කරන්න බෑ. එබඳු නිමිත්තක්වත් දකින්න නෑ' කිව්වා. එතකොට ඒක තමයි උන්වහන්සේගේ තියෙන දෙවෙනි විශාරද ඤාණය.

මේවා පින්වත්නි, ඔබ මේ කියන ලකුණු හැටියට මේවා මතක තියාගන්න. මොකද හේතුව? දැන් සමහර අවස්ථාවල් එන්න පුළුවන් තමන්ට මේ මාර්ගයේ යෑමේදී තිසරණය අමතක වෙන. ඒ වගේ අවස්ථාවක එක පාරට 'නෑ.... මම සරණ ගිය ශාස්තෘන් වහන්සේ මේ මේ ගුණයන්ගෙන් යුක්තයි' කියලා හිත ස්ථිරව පවත්වගන්න ඒක උදව් වෙනවා.

මේ කාලේ අපේ හිත හරි දුර්වලයි....

ඒ කියන්නේ දැන් ඉස්සර කාලේ වගේ නෙමෙයි. මේ කාලේ අපේ හිත හරි දුර්වලයි. බලසම්පන්න හිත් නෙමෙයි මේ කාලේ මනුස්සයන්ට තියෙන්නේ. වහා වැනෙන සුළු, ක්ෂණිකව නොමග යන, බියසුළු, ඊ වටෙනසුළු, ධෛර්යය නැති සිත් තමයි අද බහුල වශයෙන් මනුෂ්‍යයාට තියෙන්නේ. එතකොට එබඳු එක්කෙනෙක් නැවත නැවත මේක මෙනෙහි කරලා තමයි සිත බලවත් කරගන්න තියෙන්නේ. 'මම මෙහෙමත් කෙනෙක් නෙ සරණ ගියේ' කියලා.

එතකොට ඒ බුදුරජාණන් වහන්සේගේ දෙවෙනි විශාරද ඤාණය මොකක්ද? උන්වහන්සේ නිකෙලෙස්. ඒ නිසා මේ ලෝකෙ කාටවත් උන්වහන්සේ මේ මේ කෙලෙස් ප්‍රහාණය කරලා නෑ කියලා අභියෝග කරන්න බෑ. තුන්වෙනි විශාරද ඤාණය තමයි උන්වහන්සේ ලෝකයට දේශනා කරලා තියෙනවා එපා කියලා කොටසක්. ඒවාට කියනවා අන්තරායික ධර්ම කියලා. ඒ කියන්නේ තමන්ගේ නිවන් මගට, සුගතියට බාධා වෙන, අනතුරු කරන, වළක්වන දේවල් වලට තමයි අන්තරායික ධර්ම කියන්නේ.

අනතුරුදායක දේවල් අනතුරුදායක ම තමයි....

'ඒවා තිබුනට කමක් නෑ. මොන අනතුරක්ද? මොකවත් වෙන්නෙ නෑ' කියලා ලෝකෙ කාටවත් අභියෝග කරන්න බෑ කියනවා. උන්වහන්සේ අනතුරුදායකයි කියලා අකුසල් හැටියට යමක් පෙන්නුව නම් ඒක අකුසල් ම තමයි. ඒක කවදාවත් කුසල් බවට පත්වෙන්නේ නෑ. නීවරණ කියලා උන්වහන්සේ යමක් පෙන්නුවාද, ඒවා නීවරණ ම තමයි. ඒවා මාර්ගාංග බවට පත්වෙන්නෙ නෑ. අධර්මය කියලා යමක් පෙන්නුවා නම්, මිථ්‍යා මාර්ගයක් කියලා යමක් පෙන්නුවා නම් ඒක මිථ්‍යා ම තමයි. ඒක කවදාවත් සම්‍යක් මාර්ගයක් වෙන්නෙ නෑ. උන්වහන්සේ අන්තරායකයි, අනතුරුදායකයි කියලා යමක් පෙන්නුවාද, ඒවා සේවනය කරන කෙනෙකුට කිසි අනතුරක් වෙන්නෙ නෑ කියලා ලෝකෙ කිසි ශ්‍රමණයෙකුට, බ්‍රාහ්මණයෙකුට, දෙවියෙකුට, මාරයෙකුට, බ්‍රහ්මයෙකුට, කාටවත් කියන්න බෑ කියනවා.

ඒක හොඳට මතක තියාගන්න....

බුදුරජාණන් වහන්සේ යමක් පෙන්නුවාද අනතුරු හැටියට, ඒ අනතුරු හැටියට පෙන්නපු දේවල් පුරුදු කිරීමෙන් අනතුරක් නැතෙයි කියලා ලෝකෙ කාටවත් කරුණු සහිතව කියන්න බෑ. එතකොට ඒක කීවෙනි විශාරද ඤාණයද? තුන්වෙනි විශාරද ඤාණය. හතරවෙනි විශාරද ඤාණය තමයි යම් අර්ථයක් උදෙසා උන්වහන්සේ ධර්මය දේශනා කළාද, ඒ ධර්මය පුරුදු කරන කෙනෙකුට ඒ යහපත වෙන්නෙ නෑ කියලා කාටවත් කියන්න බෑ.

යම් යහපතක් උදෙසා උන්වහන්සේ ධර්මය දේශනා කළාද ඒක ඒ අයුරින් පුරුදු කරන කෙනෙකුට ඒ යහපත වෙනවාමයි. ඒක කිසි දෙවියෙකුට මාරයෙකුට බඹෙකුට කාටවත් නෑ කියන්න බෑ කියනවා. ඔය හතරට කියනවා විශාරද ඤාණ කියලා. පළවෙනි විශාරද ඤාණය මොකක්ද? උන්වහන්සේගේ සම්බුද්ධත්වයට අභියෝග නෑ. දෙවෙනි එක මොකක්ද? උන්වහන්සේගේ නිකෙලෙස් බවට අභියෝග නෑ. තුන්වෙනි එක මොකක්ද? අනතුරුදායකයි කියලා පෙන්නුවාද යම් කරුණු ඒවා පුරුදු කළාට අනතුරක් වෙන්නෙ නෑ කියලා අභියෝග නෑ. හතරවෙනි කරුණ මොකක්ද? උන්වහන්සේ ධර්මය දේශනා කළේ යම් අර්ථයකටද, ඒක පුරුදු කළාට පස්සේ ඒක ඉෂ්ට වෙන්නෙ නෑ කියලා අභියෝග නෑ. ඒක හරි විදිහට කළොත් ඒක ඉෂ්ට වෙනවා.

ඇල්හාල් වගාව වගේ....

ඒක මේ වගේ එකක් පින්වත්නි. මං ඔබට උදාහරණයක් කියන්නම් තේරෙන්න. ඔබ දැකල තියෙනවද ඇල් හාල්. ස්වප්නයකින්වත් දැකල තියෙනවාද? නෑ. මේ කාලේ ඇල් හාල් නෑ. එතකොට ඇල්හාල් කියන ඒවා තිබුනේ බුද්ධ කාලේ. බුද්ධ කාලේ ගොවීන් වගා කළා ඇල්හාල්. එතකොට ඒ වගා කරපු ගොවි මහත්තයා තමන්ගේ පුතාට බිත්තර වී ඉතුරු කරලා 'පුතේ, මෙහෙමයි මේක වගා කරන්නේ' කියලා ඉගැන්නුවහම, ඒ පුතත් ඒක වගා කළොත් අප්පුච්චා කියාපු ක්‍රමයට, ඒ අස්වැන්න පුතාටත් ගන්න පුළුවන්ද බැරිද? පුළුවන්.

ඒ පුතා ඊළඟට තමන්ගේ දරුවාට කියනවා. 'පුතේ මෙන්න බිත්තර වී. මේං මෙහෙමයි වගා කොරන්නේ' එතකොට ඒ පුතාගේ පුතාට දුන්නා. එතකොට ඒ පුතාටත් ඒ විදිහටම අස්වැන්න ලැබෙනවාද නැද්ද? ඒ පුතත් ඒ පුතාගේ පුතාට කියනවා. එතකොට ඒ පුතාටත් ඒ විදිහටම අස්වැන්න ලැබෙනවාද නැද්ද? ලැබෙනවා. ඊළඟ පුතාට බිත්තර වී දෙනවා.

එයා ඒවා නාස්ති කොළා....

ඊට පස්සේ ඒ පුතාට වගා කරන්න බාල වී හම්බ වුනා. අස්වැන්න මාස දෙකෙන් තුනෙන් හම්බ වෙනවා. එතකොට ඒ පුතා එහෙම වගා කරනවා. ඒ පුතාගේ පුතාටත් හම්බ වෙන්නේ බාල වී. කාලයක් යනකොට අර ඇල්හාල් කියන එක නැති වෙලා යනවා. ඒක වගා කරන ක්‍රමේ දන්න පරම්පරාවත් නැති වෙලා යනවා.

ඊට පස්සේ කාලයාගේ ඇවෑමෙන් දැන් කියනවා 'ට්‍රැක්ටරෙන් හාපං...' දැන් මොකෙන්ද හාන්නෙ එතකොට? ට්‍රැක්ටරෙන්. උදලු පාර ගහන විදිහ දන්නෙ නෑ. ඊට පස්සේ කියනවා 'සුනාමියෙන් කපාපං..... භූතයාගෙන් කපාපං ගොයම්....' එතකොට භූතයාගෙ න් හරි සුනාමියෙන් හරි ගොයම් කපන කොට මිටිය අල්ලලා දෑකැත්තෙන් කපන විදිහ දන්නෙ නැතුව යනවා. කාලයාගේ ඇවෑමෙන් වගාව දන්නෙ නෑ. ඊට පස්සේ ඇල්හාල් ගැන අපි කතා වෙනවා. මොනවද ඒ? කියලා අහනවා. දන්නෙ නෑ.

නිවනටත් ඒකයි වුනේ....

මාර්ගඵල වලට ඒකයි වුනේ. ඒ කාලේ රහතන් වහන්සේලා ඊළඟ තමන්ගේ ශිෂ්‍යයන්ට ඒ විදිහට ම

දුන්න නම්, ඊට පස්සේ ඒ ගුරුවරු තමන්ගේ ශිෂ්‍යයන්ට ඒ විදිහටම දුන්න නම්, ඒ ගුරුවරු ඒ විදිහට ම තමන්ගේ ශිෂ්‍යයන්ට දුන්න නම් අදත් රහතුන් සිටිති. අදත් රහත් පරපුර ඉන්නවා. එතකොට ඇල්හාල් වලට මොකක්ද වුනේ, ඒ ඇල්හාල් වලට වෙච්ච දේමයි අදත් වුනේ.

ඉතින් දැන් මේ වෙද්දී කවුරු හරි කෙනෙක් අපි කියමු මොකක්හරි නිධානෙක තිබිලා ඇල්හාල් පොඩ්ඩක් හොයාගත්තා. දැන් වගා කොරන හැටි දන්නෙ නෑ. දැන් ඇල්හාල් වගා කරන්න ගියොත් මේකට නානාප්‍රකාර සත්තු වහනවා. ඇයි කෙම් ක්‍රම දන්නෙ නෑ. කරන්න ඕන රටාව දන්නෙ නෑ. ආරක්ෂා කරන විදිහ දන්නෙ නෑ. මොකක්වත් දන්නෙ නෑ නෙ. එතකොට සාමාන්‍යයෙන් මොනවහරි වගාවක් කරලා ඇල්හාල් වගේ බීජ එනවා ඇල්හාල් නොවන. එතකොට දැන් කියන්න බැරිද මේවා ඇල්හාල් කියලා. ඇයි ඇල්හාල් දන්නෙ නැති අය රැවටෙන්නෙ නැද්ද? ආං ඒ වගේ රැවටිලි තමයි මෙකල මගඵල. ඒ ඇල්හාල් නෑ.

දෙව්ලොව නම් ඒ පරපුර තවම ඉන්නවා....

එතකොට පින් තියෙන කෙනෙක් මේ මාර්ගයේ හරි විදිහට චිත්තප්‍රසාදය ඇති කරගෙන බුදුරජාණන් වහන්සේගේ ධර්මයේ ගියොත්, මේ ඇල්හාල් ලැබෙන වගාව තියෙනවා වගේ මාර්ගඵලලාභී පරපුරේ අවුල් වෙච්ච නැති පිරිසක් දිව්‍ය ලෝකෙ ඉන්නවා. අන්න යාගත්තොත් ආයෙත් අවස්ථාවක් තියෙනවා. මෙහේ නෑ. මෙහේ තියෙන්නේ රැවිටිලි තමයි.

ඒ නිසා බුදුරජාණන් වහන්සේගේ මේ ධර්මය කෙරෙහි හොඳට හිත පහදවා ගන්න ඕන අපි. ඒ වගේම

නුවණ තියෙන්නත් ඕන මේ ධර්මයේ යන්න. මං ඔබට නුවණ ගැන හොඳ කතාවක් කියන්නම්. බුද්ධ කාලේ, මං හිතන්නේ බුදුරජාණන් වහන්සේ සැවැත් නුවර වැඩසිටිද්දී, සේතව්‍ය නගරේ වෙන්න ඕනෙ මට මතක. එක කාන්තාවක් හිටියා වෙසඟනක්. ඒ කාලේ හරියට හිටියනෙ ප්‍රසිද්ධ වෙසඟනන්. ඉතින් මේ වෙසඟන ගොඩාක් ලස්සන වුනේ ඇගේ කොණ්ඩෙ නිසා. ඇගේ කේශ කලාපය දිග ඇරියහම අක් බඹරු වගේ කැරකිලා පහළට මොණර පිල වගේ වැක්කෙරිලා තියෙනවා.

හැම තැනම තියෙන ගැමි සුවඳ....

ඉතින් මේ කේශ කලාපය දිග ඇරලා මෙයා පාරේ යනකොට සියල්ලෝම වසඟ වෙනවා. එතකොට මේ අභිරූපවත් පෙනුමක් ආවේ මොකෙන්ද එයාට? කොණ්ඩෙන්. මේ නිසා මෙයා ළඟට සිටුවරු එනවා, මැති ඇමතිවරුන්ගේ දරුවෝ එනවා. දැන් මෙයාට සල්ලි හම්බ වෙනවා. එතකොට අනිත් සමහර කාන්තාවෝ ටිකක් හිටියා ඉරිසියාවේ. අන්න ගැමි සුවඳ (ඉරිසියාව).

ඉතින් ඒ කාන්තාවෝ ටික කතා වුනා. බලාපං මේකිගේ කොණ්ඩෙ නිසා මේකි ජය අරන් ඉන්න හැටි. දැන් එතකොට ඒ කාන්තාවන්ට ඕන වුනේ මොකක්ද? කොණ්ඩෙට වැඩේ දෙන්න. ඊට පස්සේ ඒ කාන්තාවෝ ටික යාළු කරගත්තා අර වෙසඟනගේ දාසියක්. යාළු කරගෙන දාසියට ගාණක් හදලා දීලා කිව්වා 'උඹ මෙහෙම කරාපං. අපි බෙහෙතක් දෙන්නම් හදලා. නානකොට අර උඹලගෙ නෝනා කොණ්ඩෙ නාන සුණු ගාද්දි මේක මිශ්‍ර කොරලා දීපං' කිව්වා.

දාසි ගියා ඒකත් අරගෙන....

ගිහිල්ලා හුණු තලිය හැදුවා. දැන් අර වෙසඟන වතුරේ බැස්සා. බැහැලා කොණ්ඩෙ හොඳට තෙමාගෙන උඩට ආවා. ආවට පස්සේ දුන්නා මේං ගාගන්න කියලා. අරගෙන හොඳට කොණ්ඩෙ ඇතිල්ලුවා. ආයෙ වතුරට බැස්සා. හවරිය ගැලෙව්වා වගේ කොණ්ඩෙ ගියා. නැගිටින කොට තට්ටෙ. එක කෙස් ගහක් නෑ. අර සල්ලි ගත්ත එකී පැනලා දිව්වා. ඊට පස්සේ අර වෙසඟන 'මේ මොකක්ද වුනේ...' කියලා හඬා වැටිලා හිමීට රෙදි කෑල්ලකින් ඔළුව ඔතාගෙන ගිහිල්ලා හැංගුනා.

එදා ඉඳලා මේ කාන්තාවට අර පරණ රස්සාව කරන්න බෑ. වෙසඟන විදිහට ඉන්න බෑ දැන්. පළාත අතඇරලා ගියා. ගිහිල්ලා දැන් තලතෙල් හිඳින්න තල අඹරනවා. ඔය අතරේ කසිප්පුත් පෙරුවා. දැන් ජීවත් වෙන්නත් එපැයි. දැන් කසිප්පු පෙරනවා, තල අඹරනවා. ඔහොම කරගෙන ඉන්නකොට දවසක් කසිප්පු බොන්න ආවා මිනිස්සු තුන්දෙනෙක්.

බීපු මිනිස්සුන්ගේ ඇඳුම් හොරකම් කළා....

කසියා ගහලා මිනිස්සු තුන්දෙනා දැන් හොඳට වැටිලා ඉන්නවා. සළු පිළි එහෙට මෙහෙට ගිහින්. මේ ගෑණු එක්කෙනා මොකද කළේ අර සළු හොරකම් කළා. දැන් නෑනෙ මුකුත්. තිබ්බ්ච වියදම් කරලා බේත් හේත් කළා. සනීප වෙන්නෙ නෑ. අමාරුවෙන් ජීවත් වෙන්නේ. ජීවත් වෙන්න ක්‍රමයක් නෑ. දැන් යන්තම් තෙල් හිඳිනවා. කසිප්පු පෙරනවා. ඕකෙන් ජීවත් වෙන්නේ. එතකොට මොකද වුනේ අර රෙදි කෑලිත් හොරකම් කළා.

කරගත්තු එකම පින....

ඔහොම ඉන්නකොට දවසක් පොල් ටිකක් හම්බ වෙලා පොල් ගාලා පොල්තෙල් හින්දා. පොල්තෙල් හින්දහම තාච්චියේ අඩියේ ඉතුරු වෙනවනෙ අර සුවඳ (අපිට මතකයි ඉස්සර අපේ ගෙවල් වල අම්මලා තෙල් හිඳිද්දී අඩියේ සුවඳ තියෙනවා අපි හරි ආසයි ඒවා කන්න) තෙල්කා. තෙල් කහට. එතකොට මේවා වගයක් තිබුනා හැදිලා. එදා රහතන් වහන්සේ නමක් වැඩියා මෙයාගේ ගේ ඉස්සරහට. 'අනේ මට අදවත් මේ පිනක් කරගන්න ලැබුනනෙ' කියලා හිත පැහැදුනා.

පැහැදිලා 'අනේ ස්වාමීනී, වඩින්න' කියලා ඉක්මනට පුටුවක් ලෑස්ති කරලා දුන්නා. 'අනේ ස්වාමීනී, විශාල දෙයක් දෙන්න නෑ. මේ තෙල්කා වගයක් තියෙනවා. මං මේක පූජ කරන්නම්' කියලා අර තෙල් කහට පූජ කළා. අනේ අර රහතන් වහන්සේ ඒක වැළඳුවා. වළඳලා පුණ්‍යානුමෝදනා කළා. දැන් මෑ ඔළුව රෙදි කෑල්ලකින් වහගෙන වැඳගෙන කියනවා 'අනේ මට දිග කොණ්ඩයක් ලැබේවා' කියලා. පව් නේද....? ඉතින් ඔහොම ඉඳලා කාලයාගේ ඇවෑමෙන් මෙයා මැරුනා.

මුහුදේ රන් විමනක උපන්නා....

මේ මැරිච්ච කාන්තාව උපන්නේ මුහුදේ විමානයක. අර රහතන් වහන්සේට වැඩ ඉන්න පුටුවක් පූජ කරපු නිසා කනක විමානයක් (ඒ කියන්නේ රන් විමනක) මෙන්න ඉන්නවා දෙවඟනක් වගේ රූපයක් ඇතිව. දිග කොණ්ඩයකුත් තියෙනවා. හැබැයි වස්ත්‍ර නෑ. ඇයි ඒ? අර බීපු මිනිස්සු බුදියන් ඉන්දෙද්දි ඒ අයගේ වස්ත්‍ර හොරකම්

කළ නිසා. ඒ වගේ සුළු හොරකමකට එහෙම වුනා නම්, අද කාලේ වෙන දේවල් කොහොම වෙයිද? එතකොට බලන්න කොච්චර භයානකද කියලා මේ සසර. ඔහොම වෙලා දැන් ඉතින් මෙයා මේකට වෙලා ඉන්නවා.

වෙළඳ නැවක් කුණාටුවකට අහුවුනා.....

ඔය අතරේ එක වෙළඳ කණ්ඩායමක් නැව් නැගලා වෙළඳාමේ යද්දි මේ නැව හුළඟට ගහගෙන ගියා. මේ නැව පාවෙලා ගිහිල්ලා මේ විමානෙ ඉස්සරහට ආවා. ඊට පස්සේ මෙයා මෙයාගේ බලෙන් පේන්න සැලැස්සුවා මෙයාගේ මාලිගාව. පෙන්නලා ඇහුවා 'ඕකේ ඉන්නේ කවුද?' කියලා. ස්ත්‍රී කටහඬක් නෙ. එතකොට මේගොල්ලෝ හිතුවා මේ දෙවඟනක් තමයි කියලා. එතකොට කිව්වා 'අනේ දිව්‍යාංගනාවෙනි, අපි ආසයි ඔබතුමිය දකින්න. ඔබතුමිය ඔය රත්තරන් විමානෙන් එළියට වඩින්න' කිව්වා. 'අනේ මට එන්න බෑ. මට වස්ත්‍ර නෑ. මං මේ කොණ්ඩෙන් තමයි ඇඟ වහගෙන ඉන්නේ' කිව්වා.

තිසරණයේ බලය....

එතකොට අර වෙළෙන්දෝ ටික කිව්වා 'නෑ නෑ අපි ළඟ වස්ත්‍ර තියෙනවා මේ වෙළඳාම් කරන්න ගෙනාපු. මේ වස්ත්‍ර දෙන්නම්' 'අනේ... මට ඒ වස්ත්‍ර එපා. ඒ වස්ත්‍ර මට අඳින්න බෑ' 'එහෙනම් අපි මොකක්ද ඔබට කරන උදව්ව?' කියලා ඇහුවා. 'ඔය පිරිසේ ඉන්නවා තෙරුවන් සරණ ගිය උපාසක කෙනෙක්. (දැන් ඔබ සියලු දෙනාත් තෙරුවන් සරණ ගිහිල්ලා නේද ඉන්නේ? දැන් බලන්න කොහොමද කියලා මේකේ බලේ) තෙරුවන් සරණ

ගිය උපාසක කෙනෙක් ඉන්නවා සීලවන්ත. ආන්න ඒ කෙනාට ඔය වස්ත්‍රය පළන්දලා මට පින්දෙන්න' කිව්වා. දැන් එතන සංඝයා නෑ. භික්ෂූන් වහන්සේලා නෑ. එතන එක්කෙනයි හිටියේ තෙරුවන් සරණ ගියපු. ඒ අර උපාසක. අනිත් අය නිකම් මිනිස්සු.

ඥානවන්ත උපාසක කෙනෙක්....

එතකොට අර පිරිස මොකද කළේ? පැහැදිලා, මේ උපාසකව නාවලා, උපාසකට අර ඇඳුම් අන්දලා, පින් දුන්නා. පින් දීපු ගමන් මෙන්න දිව්‍ය වස්ත්‍රාභරණ වලින් සැරසිලා එළියට ආවා. ඇවිල්ලා විස්තරේ කිව්වා. මේකයි මට වුනේ කියලා අඬන්න ගත්තා. ඇහුවා 'ඇයි අඬන්නේ?' 'අනේ මට තව ටික දොහයි ඉන්න තියෙන්නේ මේ ආත්මේ' කිව්වා. 'ඊට පස්සේ?' 'ඊට පස්සේ මං නිරයේ යනවා' කිව්වා.

එතකොට බලන්න අර උපාසක කොච්චර ඥානවන්තද කියලා. (දැන් අනිත් අය ඔක්කොම එවෙලේ ඉඳලා අර උපාසකට වැඳගෙන ඉන්නේ. ළඟට ගියත් වැඳගෙන කතා කරන්නේ මෙයා උතුම් කෙනෙක් කියලා) උපාසක කිව්වා 'දැන් තේරෙනවනෙ මේ තෙරුවන්ගේ වටිනාකම. දැන් ඔබත් තෙරුවන් සරණ යන්න' කියලා අර පිරිසව තිසරණයේ පිහිටෙව්වා. සීලයේ පිහිටෙව්වා.

තවත් පිනක් ඉපැද්දෙව්වා....

පිහිටවලා උපාසක අර දෙවඟනට කිව්වා 'දැන් බලන්න මට මේ දානෙ දීලයි ඔබට මේවා ලැබුනේ. දැන් ඔබට දිව්‍ය සම්පත් තියෙනවා. මම ඉන්නවා, මේ

උපාසකවරු ඉන්නවා තෙරුවන් සරණ ගිහිල්ලා, සීලයේ පිහිටලා. දැන් අපිට දානෙ දෙන්න' කිව්වා. දැන් බලන්න මොළේ පාවිච්චි කරපු හැටි ඒ උපාසක උන්නැහේ. වෙන කෙනෙක් නම් අනේ සංඝයා නෑනෙ, අපිට දානෙ දෙන්න විදිහක් නෑනෙ කියලා හැරිල යයි නේද?

ඊටපස්සේ ඒ දෙවඟන මොකද කළේ අර උපාසකවරුන්ට දිව්‍ය භෝජන දුන්නා. දිව්‍ය වස්ත්‍රත් දුන්නා. ඊට පස්සේ කිව්වා 'අනේ එහෙනම් මේ දිව්‍ය වස්ත්‍ර දෙකත් මං ඔබට දෙන්නම්. මේක ගිහිල්ලා භාග්‍යවතුන් වහන්සේට පූජ කරලා මට ඒ පින් දෙන්න' කිව්වා. ඊට පස්සේ ඒ දෙවඟන තමන්ගේ දේව බලෙන් අර නැව ඉක්මනට වරායකට සේන්දු කළා. එතකොට නැව වරායට ගියා.

තව්තිසාවේ උපන්නා....

ඊට පස්සේ ඉක්මනට මෙයා එතනින් පිටත් වෙලා කෙලින්ම සැවැත් නුවර ගියා. බුදුරජාණන් වහන්සේට කාරණේ කියලා බුදුරජාණන් වහන්සේ ප්‍රමුඛ සංඝයාට දානය දුන්නා. දීලා අර දෙවඟන දීපු වස්ත්‍ර දෙක බුදුරජාණන් වහන්සේට පූජා කළා. අර දෙවඟන එතනින් චුත වෙලා තව්තිසාවේ උපන්නා. බලන්න යන්න හිටියෙ කොහෙද? නිරයේ. ගියේ කොහෙද? තව්තිසාවේ.

දැන් පින එපා කියන අය මේ රටේ නැද්ද? 'පින් ඕන නෑ. මොනවටද පින්. කුසල් කළහම මදෑ' ඔහොම කයිවාරු ගහන අය නැද්ද? දැන් මේ බලන්න. පින නේද මේ මනුස්සයාව බේරලා තියෙන්නේ. පින විතරක් නෙමෙයි උපාය. උපාය කිව්වේ ඒ අවස්ථාවේ කරන්න

තියෙන නුවණක්කාර වැඩේ. දැන් ප්‍රඥාව නොතිබුනා
නම් ඒ උපාසක උන්නැහේට 'අනේ... පව්. අනේ ඉතින්
අපි මොනවා කරන්නද?' කියලා යයි මොළේ නොතිබුනා
නම්.

ඕනම දේකට අපි පව් කියලනෙ
කියන්නේ....

බලන්න ඒ උපාසක අපිට දානෙ දෙන්න කියලා
පින් අනුමෝදන් කළා. ඊට පස්සේ ඒ පිනෙන් එයාගේ
බලය තව වැඩි වුනා. ඊට පස්සේ සැවැත් නුවරට
ගිහිල්ලා ඒ උපාසකවරු දානෙ දුන්නා. දානෙ දීලා ආයෙ
අර දෙවඟනට පින් දුන්නා. දැනුත් තව්තිසාවේ ඇති
එයා. එතකොට බලන්න මනුස්සයාට මේ තිසරණයේ
පිහිටීමෙන් මොනතරම් උදව්වක් තියෙනවාද කියලා.
හැබැයි ඒකට අර ශ්‍රද්ධාව තියෙන්න ඕනෙ මුළු හිතින්ම.
භාගෙට නෙමෙයි.

මේවා කාලේ කන්න කරන වැඩ
නෙමෙයි....

ඔබට මේවා තේරුම් කරලා දෙන්නේ ඒකටයි.
කාලෙ කන්න නෙමෙයි මේවා අපි කරන්නේ. දැන්
ඔබ මෙහේ ඇවිල්ලා තියෙන්නේ කල් මරන්නද? නෑ.
මං මේ මහන්සි වෙලා කියාදෙන්නේ මේ කාලය නැති
කරගන්නද? නෑ. මේ අපට තියෙන වටිනා දෙයක් ගැන
මේ කතා කරන්නේ. එතකොට ඒ බුද්ධ රත්නය ගැන
යම් මට්ටමකින් හරි අපි විස්තර වශයෙන් දැනගත්තෙ
නැත්නම් අපි කොහොමද පහදින්නේ. පහදින්න බෑනෙ
දන්නෙ නැත්නම්. දැනගන්න එපැයි පහදින්න නම්.

පැහැදුනේ නැත්නම් කොච්චර හානි වෙනවද....?

මට මතකයි ඒ කාලේ තිබුනා ඔය අන්‍යාගමිකයෝ කළා, අසනීප වෙන අය එහෙම යාඥා කරලා ඒ ආගමට ගන්නවා. අරගෙන මේ බුදු පිළිමත් තියෙනවා ගෙදර. දැන් යාඥා කළාට සනීප වෙන්නෙ නෑ ලෙඩේ. එතකොට කියනවා සනීප වෙන්නෙ නැත්තේ ඔයගොල්ලෝ තාම හිත් දෙකකින් නෙ ඔය කරන්නේ. ගෙදර බුදුපිළිම තියෙනවනෙ. ඕවා බිම දාලා පාගන්න කියනවා. මිනිස්සු කළේ නැද්ද? කළා. තමන් වඳින එක බිම දාලා පෑගුවා. පාගලා තමයි යාඥා කරන්න ගත්තේ ඊට පස්සේ සනීප වෙයි කියලා. ඒත් සනීප වුනේ නෑ.

ලෙඩා මළා....

මැරුණා නොවැ කිව්වා. ඊට පස්සේ කිව්වා 'හා.. හා.. හා.. ඒකට කලබල වෙන්න එපා. ඒ එහෙම කොළේ දෙවියො ටෙස්ට් කොරන්න' කිව්වා. එතකොට ඒකට වුවමනා බුද්ධිය ද මෝඩකමද? මෝඩකම තිබ්බහම ප්‍රමාණවත්. නුවණ තියෙන කෙනෙකුට පුළුවන්ද මේක කරන්න? නුවණ තියෙන කෙනෙකුට කරන්න බෑ. නුවණ තියෙන කෙනා කල්පනා කරනවනෙ ඇයි එහෙම කරන්නෙ? මොකටද එහෙම කරන්නේ? කියලා දෙපාරක් හිතන්නෙ නැද්ද? දෙපාරක් හිතනවා.

බුදුරජාණන් වහන්සේගේ නාමයෙන් හදපු එකක්නෙ....

ඇත්ත වශයෙන්ම ඒ මැටි පිළිමෙක බුදුරජාණන් වහන්සේවත් මොකක්වත් නෑ. නමුත් උන්වහන්සේගේ

නාමයෙන් නෙ ඒක තිබ්බේ. ඒක මේ වගේ. මට මතකයි අර ස්වාමි විවේකානන්ද එක්තරා අවස්ථාවක මේ ලෝකෙ මනුස්සයන් ගැන කතා කරද්දි කිව්වා දැන් ඔන්න එක ගෙදරක තියෙනවා ඒගොල්ලන්ගේ මැරිච්ච අම්මගෙ පින්තූරයක්. ඉතින් පින්තූරෙ තුළ මුකුත් නැහැනෙ.

එතකොට විවේකානන්ද කියනවා ඔයාට පුළුවන් නම් ඔය පින්තූරෙට කෙළ ගහන්න. දැන් පින්තූරේ මුකුත් නෑ. පුළුවන්ද කෙළ ගහන්න. බෑ නේද? එතකොට මව්ගේ පින්තූරේ කියලා ඒකට කිව්වට පස්සේ අපිට ඒ පින්තූරෙ දැක්කහම මේ මව් කියලා මතක් වෙනවා. ඒ වගේ බුදුරජාණන් වහන්සේ කියලා අපි සම්මත කරලා මොනව හරි හැඩේක තියෙනවානෙ පිළිමයක්. දැන් ඔය චූටි පිළිම තියෙන්නෙ හරී කැත. එහෙම හැඩේට තිබුනත් අපි බුදු කෙනෙක් කියලා වඳිනවානෙ.

මිසදිටුව නිසා පව් කරගන්න හැටි....

එතකොට එබඳු එකකට ගැරහුවොත් ඒ ගරහන්නේ අර චූටි ප්‍රතිමාවට නෙමෙයිනෙ. ඒ ගැරහුම ලැබෙන්නෙ කාටද? බුදුරජුන්ට. ඒ වගේ තමන්ගේ තාත්තගේ හරි අම්මගේ හරි පින්තූරෙ ගෙදර එල්ලලා තියෙනවා නම්, කවුරුහරි ඒකට කාරලා කෙළ ගැහුවොත් අපිට හිතෙන්නේ ඒක අම්මට හරි තාත්තට හරි කාරලා කෙළ ගැහුවා කියලා නේද? ඒක මේ කඩදහියක්, කඩදහියට කෙළ ගැහුවා කියලා හිතෙනවද අපිට? නෑ. ඒ වගේ යම්කිසි කෙනෙක් ඒ විදිහට බිම දාලා පාගනකොට ඒක එයා පාගන්නෙ මොකක් හිතලද? ආ මට මෙයාගෙන් වැඩක් නෑ කියලා හිතලා නේද?

ආනන්ද.... තිසරණය නැති වෙනවා....

සාමාන්‍යයෙන් තිසරණය කියන එක කිලුටු වෙනවා. ඒ තිසරණය කිලුටු වෙන්නෙ නැතුව තියාග න්න ඕනෙ. බුද්ධ දේශනාවේ තියෙනවා තිසරණ සරණ යන ක්‍රම. එකක් තමයි තමන්ගේ ජීවිතය පරදුවට තබා තිසරණය සරණ යනවා. සමහරු මම භාග්‍යවතුන් වහන්සේගේ ශිෂ්‍යයෙක් කියලා හිතාගෙන තිසරණය සරණ යනවා. මං හිතන්නේ මේකේ සාර්ථක එක තමයි ජීවිතය පරදුවට තබා සරණ යෑම. එහෙම හොඳට සරණ ගියපු එක්කෙනාට ඒ සරණ පිහිටනවා. ඒ සරණ තමයි එයාව ඉදිරියට අරගෙන යන්නේ. ඒ කියන්නේ සුගතිය කරා ගෙනියන්නේ. නිවන කරා ගෙනියන්නේ.

භාග්‍යවතුන් වහන්සේට ගරහන අය නිරයේ....

ඉතින් අපි බුදුරජාණන් වහන්සේ ගැන මේ ඉගෙන ගත්තේ උන්වහන්සේ ඥාණබල කීයකින් යුක්තයිද? දහයකින් යුක්තයි. විශාරද ඥාණ හතරකින් යුක්තයි. ඉතින් බුදුරජාණන් වහන්සේ දේශනා කරනවා. යම්කිසි කෙනෙක් කිව්වොත් 'ශ්‍රමණ ගෞතමයන් වහන්සේට ඔය විශේෂ ඥාණ නෑ. ඔය ප්‍රාතිහාර්ය මොකුත් කරන්න බෑ. තර්ක කර කර තමයි මේ ශ්‍රමණ ගෞතමයන් බණ කියන්නේ' කියලා කවුරුහරි කිව්වොත් මේකේ තියෙනවා 'සාරිපුත්තය, ඒ වචනය, ඒ දෘෂ්ටිය අතඇරියේ නැත්නම් එයා නිරයේ යනවා' කියනවා.

ඔබ හිතන්නේ මේ වර්තමානයෙත් බුදුරජාණන් වහන්සේට බනින මිථ්‍යාදෘෂ්ටික අය නැද්ද? ඒ ගොල්ලෝ යන්නේ නිරයේ. වෙන යන්න තැනක් නෑ. ඒක මේ වගේ කියනවා. "**සෙය්‍යථාපි සාරිපුත්ත, භික්ඛු සීලසම්පන්නෝ, සමාධිසම්පන්නෝ, පඤ්ඤාසම්පන්නෝ. දිට්ඨේව ධම්මේ අඤ්ඤං ආරාධෙය්‍ය**" ඒක හරියට මේ වගේ කියනවා. සීලසම්පන්න, සමාධිසම්පන්න, ප්‍රඥාසම්පන්න භික්ෂුවක් මේ ජීවිතයේදීම රහත් වෙයිද ඒ වගේ තමයි කියනවා අනෙක් පැත්තටත් වැරදුනොත්.

සත්වයන් උපදින ක්‍රම සතරක්....

ඊට පස්සේ බුදුරජාණන් වහන්සේ දේශනා කරනවා උපදින ක්‍රම. උපදින ක්‍රමයට කියනවා යෝනි කියලා. යෝනි සතරක් තියෙනවා කියනවා. **අණ්ඩජා යෝනි.** අණ්ඩජා යෝනි කියන්නේ බිත්තරයෙන් උපදිනවා. **ජලාබුජා යෝනි.** මව්කුසෙන් උපදිනවා. **සංසේදජා යෝනි.** තෙත් පරිසරයෙන් උපදිනවා. **ඕපපාතිකා යෝනි.** ඕපපාතිකව උපදිනවා.

මේකේ කියනවා අණ්ඩජ යෝනි කියලා කියන්නේ **අණ්ඩකෝසං අභිනිබ්බිජ්ජ ජායන්ති.** බිත්තර කටුව පලාගෙන උපදිනවා. බිත්තර කටුව පලාගෙන උපදින සත්වයෝ ඉන්නවා. දැන් අපි මේ මනුස්ස ලෝකෙ ඉන්නවා. මනුස්ස ලෝකෙන් චුත වෙලා සමහරු ගිහින් උපදින්නෙ කොහෙද? අණ්ඩජ යෝනියේ. එක ආත්මෙක මව්කුසේ උපදිනවා. එක ආත්මෙක බිත්තරේ පලාගෙන උපදිනවා. එක ආත්මෙක තෙත් පරිසරයේ උපදිනවා. එක ආත්මෙක මේ තුනෙන්ම තොරව ඕපපාතිකව උපදිනවා. එහෙමයි මේ උපත් තියෙන්නේ.

මව්කුසෙන් උපදින්නේ මිනිස්සු විතරක් නෙමෙයි....

දැන් මේ ආත්මේ අපි මොකක්දෝ වාසනාවකට මව්කුසෙන් උපන්නා. මව්කුසෙන් උපදින්නේ අපි විතරද? ඇයි තිරිසන් සත්තු කොච්චර ඉන්නවද මව්කුසෙන් උපදින. අපි මේ ආත්මේ වාසනාවකට මිනිස් ලෝකෙ මව්කුසක උපන්නා. ඊළඟට බුදුරජාණන් වහන්සේ පෙන්වා දෙනවා (සංසේදජ) තෙත් පරිසරය කියන්නේ මොකක්ද? කුණු මස්, කුණු මාළු, වැසිකිළි වල, කුණු කාණුව මේ ඔක්කෝගෙම උපදිනවා. දැකලා තියෙනවා නේද සිලි සිලි ගාලා පණු රොතු රොතු ඉන්නවා. කෝටි ගාණක් ඉන්නවනෙ.

වැසිකිළි වලක උපන්නොත් සත්වයෙක් නැවත නැවත නැවත ඒකෙමයි උපදින්නේ. වතුරක උපන්නොත් මාළුවෙක් නැවත නැවත ඒකෙමයි උපදින්නේ. ඇයි පිනක් කිරීමක් මුකුත් නෑ. ඊළඟට ඕපපාතික සත්වයෝ දේවා කියන්නේ දෙවිවරු. නේරයිකා නිරයේ සත්තු. ඒකච්චේ විනිපාතිකා ඇතැම් ප්‍රේතයෝ. ඒකච්චේ මනුස්සා ඇතැම් මිනිස්සුත් ඉන්නවා මව්කුසේ නෙමෙයි උපදින්නේ. ඕපපාතිකව.

ඕපපාතිකව උපදින මිනිස්සුත් ඉන්නවා....

එහෙම ඕපපාතිකව ඉපදිච්ච කෙනෙක් ගැන බුද්ධ කාලේ විස්තරයක් තියෙනවා. කවුද ඒ? අම්බපාලි. අම්බපාලි උපන්නේ ඕපපාතිකව. ගහක් යටනේ උපන්නේ. දැන් සමහර විට අපි දන්නෙ නෑ අද කාලෙත් වෙන්න පුළුවන් හිටපු ගමන් කියනවා 'ළමයෙක් ඉපදිලා මේ

පඳුරේ හිටියා, දෙමව්පියෝ දාලා ගිහිල්ලා, කවුරුත් නෑ' එහෙම ගිහිල්ලා අරගෙන හදාගන්නව නෙ. සමහර විට ඕපපාතිකව ඉපදිලා වෙන්න බැරි නෑ නේද? අපි දන්නෑ නේ?

බුදුරජාණන් වහන්සේ වදාළා මේවට තමයි යෝනි හතර කියලා කියන්නේ. මේවා බුදුරජාණන් වහන්සේ දකින්නේ මොකෙන්ද? චුතූපපාත ඤාණයෙන්. සත්වයා චුත වෙලා උපදින ආකාරය චුතූපපාත ඤාණයෙන් බලද්දි තමයි පේන්නේ. දැන් බුද්ධ කාලෙම වස්සකාර කියලා ඇමතියෙක් හිටියනෙ. වස්සකාර කියන ඇමතියා බුදුරජාණන් වහන්සේට දානෙත් දුන්නා.

අවාසනාවන්ත ඇමතියෙක්....

එයා එක රහතන් වහන්සේ නමකට කිව්වා වඳුරුමූණා කියලා. රහතන් වහන්සේ නමකට වඳුරා වගේ කිව්වා. සමාව ගත්තෙ නෑ. බුදුරජාණන් වහන්සේ වදාළා 'මෙයාට සමාව ගන්න වෙයි. නැත්නම් වඳුරෙක් තමයි' කිව්වා. මේ පුද්ගලයා මොකද කළේ සමාව ගත්තෙ නෑ, රජගහ නුවර අඹගස් හිටෙව්වා. වඳුරෙක් වුනාට පස්සේ මට කන්න අඹවත් තියෙන්න එපායැ කියලා.

වස්සකාර ඇමතියා ඊළඟට ආත්මේ වඳුරෙක් වුනා. බලන්න මේ මාන්නය කියන්නේ සුළුපටු එකක්ද? ඒක පිළිගත්තා. නමුත් සමාව ගත්තෙ නෑ. සමාව ගත්ත නම් බේරෙන්න තිබුනා. සමාව ගත්තේ නෑ අඹ හිටෙව්වා. හිතේ හැමදෑම වඳුරෙක් වෙයි කියලා. හැම ආත්මෙම වඳුරෙක් වෙනවද? නෑ. ඒ ආත්මෙ එහෙම වෙලා ඊට පස්සේ නිරයේ යනවා.

කෙළවරක් නැති සසර ගමනක්....

වැඩිපුර වෙන්නේ එක්කෝ මනුස්සයා මැරිල පෙරේත ලෝකෙට යනවා. එහෙම නැත්නම් මනුස්සයා මැරිලා තිරිසන් අපායට යනවා. එහෙම නැත්නම් අසුර ලෝකෙට යනවා. ගිහිල්ලා එතනින් චුත වෙලා නිරයේ යන්නේ. නිරයේ ගිහිල්ලා විඳවලා විඳවලා ආයෙ කොහේ හරි හද්දා වන්නියක ගිහිල්ලා උපදිනවා. එක්කෝ සතෙක් සර්පයෙක් වෙලා උපදිනවා. එහෙම නැත්නම් ආයෙ පෙරේත ලෝකෙට එනවා. ඔහොම කැරකි කැරකි ගිහිල්ලා ඔන්න ආයෙම මනුස්ස ලෝකෙට එනවා. ඇවිල්ලා හොරකම් කරලා, අනුන්ගෙ දේවල් කඩා වඩාගෙන රාගයෙන් ද්වේශයෙන් මෝහයෙන් ඇවිස්සිලා ඉඳලා, මැරිලා ගිහින් ආයෙ එතන්ට තමයි වැටෙන්නේ. ඉතින් බුදුරජාණන් වහන්සේ තමයි මේවා අපිට ඔය ඥාණයන්ගේ පිහිටලා මේ ලෝකය ගැන විස්තර කරලා දුන්නේ.

ගති පහක් තියෙනවා....

ඊළඟට උන්වහන්සේ දේශනා කළා 'සාරිපුත්තය, ගති පහක් තියෙනවා' ඒ තමයි නිරය. නිරය කිව්වේ එක යන තැනක්. තිරච්ඡානයෝනි. තිරිසන් යෝනිය. පෙත්තිවිසයෝ. ප්‍රේතලෝකය. මනුස්සා. මනුස්ස ලෝකෙ. දේවා. දිව්‍ය ලෝකය. මේ ඔක්කොම යන තැන් කියනවා. බුදුරජාණන් වහන්සේ මේ ඔක්කොම දිවැසින් දකින්නෙ.

ඊට පස්සේ උන්වහන්සේ මෙන්න මෙහෙම දේශනා කරනවා. සාරිපුත්තය, මං මේ ලෝකය දිහා බලනවා. බලද්දි

පේනවා මේ පුද්ගලයා කටයුතු කරන විදිහ. දැක්කහම පේනවා මෙයා දැන් මේ යන රටාවෙන් නිරයට යන්නෙ. එතකොට පස්සෙ කාලෙක උන්වහන්සේට පේනවා ඒ කෙනා නිරයේ ඉපදිලා ඉන්නවා. ඒක මේ වගේ එකක් කියනවා.

ගිනි අඟුරු වලේ වැටෙනවා වගේ නිරයට වැටෙනවා....

ලොකු ගිනි අඟුරු වලක් තියෙනවා. මනුස්සයෙක් වැටෙන ප්‍රමාණයේ. එතකොට පාරක් තියෙනවා ඒ පාර වැටිලා තියෙන්නේ කොහෙටද? ගිනි අඟුරු වලට. එතකොට මේ පාර දිගේ කෙනෙක් යනවා. එතකොට ඈත ඉඳලා බලාගෙන ඉන්න එක්කෙනෙකුට පේනවා ගිනි අඟුරු වලත් පේනවා පාරත් පේනවා පාර දිගේ යන අර මනුස්සයාවත් පේනවා. ඉතින් එයාට හිතෙනවා අනේ මේ මනුස්සයා මේ පාරේ ගියොත් නම් අර ගිනි අඟුරු වලටයි වැටෙන්නේ. පස්සේ කාලේ පේනවා මේ මනුස්සයා ගිනි අඟුරු ගොඩේ වැටිලා ඉන්නවා.

වැඩි දෙනෙක් යන්නෙ සතර අපායේ....

ඒ වගේ කියනවා සමහරු ජීවත් වෙන විදිහ දිහා බලද්දි පේනවා මෙයා මේ යන රටාවේ ගියොත් නවතින්නේ නිරයේ. ඔබ හිතන්නේ මේ මනුස්ස ලෝකෙ ජීවත් වෙන වර්තමාන මිනිස්සු අතර වැඩි පිරිසක් කොහේ යයිද? වැඩි පිරිසක් නිරයේ යනවා. ඊළඟට තිරිසන් යෝනියේ යනවා. ඊළඟට ප්‍රේත ලෝකෙ යනවා. ආයෙ මනුස්ස ලෝකෙට එන ප්‍රමාණය හිතාගන්න බෑ. දිව්‍ය ලෝකෙ ගැන නම් කතා කරලා වැඩක් නෑ. යන කෙනෙක්

නෑ. මනුස්ස ලෝකෙටත් බොහොම කලාතුරකින් තමයි ආවොත් එන්නේ. දිව්‍ය ලෝකෙ ඉතින් කොහොමත් අමාරුනේ.

ගොඩක් අයට මේ කට පරිස්සම් කරගන්න අමාරුයි....

හොඳට තෙරුවන් සරණේ පිහිටලා, මෙත් සිත දියුණු කරගෙන, විශේෂයෙන්ම කය යි වචනයයි ආරක්ෂා කරගෙන, ගොඩක් අය කය ආරක්ෂා කරගන්නවා. ඒ කියන්නේ හොරකම් එහෙම කරන්නෙ නැති අය ඉන්නවා. සතුන් මරන්නෙත් නැති අය ඉන්නවා. පිරිසිදු විදිහට චරිතය ආරක්ෂා කරගෙන වැදගත් විදිහට ඉන්නවා. හැබැයි පරිස්සම් කරගන්නෙ නැත්තේ මොකක්ද? කට. එතනින් තමයි වරද්ද ගන්නේ.

එතකොට කොච්චර හොඳට හිටියත් වැඩක් නෑ කට වැරදුනාම. ඒ කට වැරදීමෙන් බරපතල විදිහේ හානි කරගන්නවා. සමහරු ගුණවතුන්ට බණිනවා. ධර්මයේ හැසිරෙන උත්තමයන්ට බණිනවා. සමහර විට අපි කියමු අපේ අම්මා හෝ තාත්තා හෝ තිසරණයේ පිහිටලා ගුණධර්ම වඩාගෙන මෛත්‍රියෙන් යුක්තව වාසය කරනවා කියලා. ඔය පොඩ්ඩක් එහා මෙහා වෙනවා. ළමයි ටික බණින්නෙ නැද්ද අම්මට. පව් රැස් කරගන්නවා. එහෙම වෙනවා. ඒ වගේ සාමාන්‍යයෙන් හොඳ අයට බැණලා ගොඩාක් පව් කරගන්න අය ඉන්නවා.

පටු සිතක අනතුර....

ඉතින් මේ නිසා ඒ වගේ සුළු දේකිනුත් අද කාලේ මනුෂ්‍යයා නිරයේ යනවා. මේකට හේතුව හැටියට

බුදුරජාණන් වහන්සේ පෙන්වා දෙන්නේ මනුෂ්‍යයාගේ සිතේ ස්වභාවය පටු වීම. සිතේ ස්වභාවය පටු වුණහම ඒක මේ වගේ එකක් කියනවා. ඒකට බුදුරජාණන් වහන්සේ උපමාවක් දේශනා කරලා තියෙනවා. ගංගාව කියන එක පටුද පළල්ද? පළල්. වතුර ගොඩක් තියෙනවා. වේගෙන් ගහගෙන යනවා. ඊළඟට වතුර වීදුරුව. වීදුරුව පළල්ද ගංගාව වගේ? නෑ. බොහෝම පොඩ්ඩයි වතුර අල්ලන්නේ.

පොඩි වරදක් ඇති නිරයේ යන්න....

එකම ප්‍රමාණයේ ලුණු කැට දෙකක් අරගෙන එකක් ගඟට දානවා. එකක් වීදුරුවට දානවා. එතකොට ඒ වතුර ප්‍රමාණය ලුණු රහට හැරෙන්නේ කොයිකට දාපු එකද? වීදුරුවේ වතුර ඉක්මනට ලුණු රහට හැරෙනවා. අර ගඟේ වතුර එහෙම වෙන්නෙ නෑ. ඒ වගේ කියනවා මහණෙනි, මාර්ගඵල ලාභී කෙනෙකුගේ අතින් වරදක් වුනොත් ඒක බරපතල විදිහට විපාක දෙන්නෙ නෑ කියනවා. තෙරුවන් සරණේ නොපිහිටි පින්පව් ගැන අවබෝධයක් නැති පෘථග්ජන කෙනෙකුට (පෘථග්ජන කියලා කියන්නේ වැනෙන චරිත කියන එකයි. ඕන වෙලාවක ඕන මිත්‍යාවක් විශ්වාස කරන කෙනාට තමයි පෘථග්ජන කියන්නේ) එතකොට පෘථග්ජන කෙනෙකුගේ හිතේ ස්වභාවය මේ වගේ කියනවා. එයාට පුංචි වරදක් ඇති කියනවා නිරයේ යන්න.

එතකොට එහෙම බලද්දී මේ බිහිසුණු සසරේ අපේ ඤාතීන් කොච්චර යන්න ඇද්ද නිරයේ. අපි දන්නෙ නෑනෙ. අපි දන්නා අඳුනන අය මැරුනා. කොහේ කොහේ යන්න ඇද්ද කියලා අපි දන්නවද? සාමාන්‍යයෙන් අපිට හිතෙන්නෙ කොහොමද? මැරිච්ච

එක්කෙනා ඔන්න පෙරේතයෙක් වෙයි. වුනාට පස්සේ අපි දැන් පින් දෙනවා. දුන්නට පස්සේ හරි. අලු ගසා දාලා නැගිට්නවා පෙරේතයා.

එහෙම වෙන්නෙ නෑ....

එහෙම බලසම්පන්න වෙනසක් කරගන්න බෑ පෙරේතයන්ට අද කාලේ. එහෙම වෙන්න නම් ඉතින් රහතුන්ට දන් දෙන්න ඕනෙ. අද ඉතින් කොච්චර අමාරුවෙන්ද හිත පහදවගන්නෙ අපි. මොකද හේතුව? වර්තමානයේ අපේ හිතේ ස්වභාවය එක එක බාහිර දේවල් වලට වේගයෙන් ඇදිලා යනවා. ගුණය තුළ හිත රඳිනවා අඩුයි.

එතකොට බුදුරජාණන් වහන්සේ උපමා කළේ මොකක්ද මේ නිරයට යන මනුස්සයා ගැන? අර ගිනි අඟුරු වලෙන් කෙළවර වෙන මාර්ගයේ යන කෙනා වගේ කියලා. ඊළඟට බුදුරජාණන් වහන්සේ වදාළා තව එක්කෙනෙක් ඉන්නවා. එයා ගත කරන ජීවිතේ මරණින් මත්තේ යන්නේ තිරිසන් අපායේ. ඒකේ උපමාව හැටියට දැක්වුවේ උන්වහන්සේ අසූචි වලක් තියෙනවා. මේ අසූචි වලට පාරක් තියෙනවා. මේ පාරේ අපි කියමු කෙනෙක් යනවා. සමහර විට නට නට සිංදු කිය කිය යන්න පුළුවන්. නමුත් එයා දන්නෙ නෑ වලේ වැටෙනකම්ම. වැටුනට පස්සේ මේ අසූචි වලේ තමයි එයා එරිලා යන්නෙ.

අසූචි වලේ වැටෙනවා වගේ තිරිසන් ලෝකෙට වැටෙනවා...

ඒ වගේ තමයි මේ ජීවිතේ සතුටින් නට නට කෑ ගගහ විනෝද වෙවී ඉන්නවා. ඉඳලා මැරුණට පස්සේ

තිරිසන් ලෝකෙ යනවා. අර එක කතාවක තියෙනවා. මං හිතන්නේ සෝෂක සිටාණන්ගේ කතාවේ ඒක තියෙන්නේ. එක මනුස්සයෙක් එයාගේ නෝනයි ළමයි එක්ක මං හිතන්නේ මොකක්හරි කරදරයක් වෙලා ඒ පළාත දාලා ඈත පළාතකට යනවා. ගියාට පස්සේ දවස් ගාණක් කන්න නෑ. අමාරුවෙන් යනවා.

යනකොට එදා කිරිබත් වගයක් හදලා ගෙදරක පසේබුදු රජාණන් වහන්සේ නමකට කිරිබත් පූජ කළා. තව ඉතුරු වෙලත් තිබුනා. මේ අසරණ වෙච්ච පවුල ආවා. මේගොල්ලන්ටත් කන්න දුන්නා. දැන් අර පසේබුදුරජාණන් වහන්සේට දීලා ඉතුරු වෙලා ගෙදර බැල්ලිටත් ඒ කිරිබත් දුන්නා. ඊට පස්සේ මෙයා මේක බලන් ඉඳලා කල්පනා කළා 'මේ ගෙදර බැල්ලි කනවා නොවැ රහට. අපිට මෙහෙම ටිකක් කන්න නැහැනේ' කියලා.

පසේ බුදුරජුන්ට උපස්ථාන කළ බලුපැටියා....

දැන් බඩගින්නේ ඉඳලා ඉඳලා නෙ කෑවේ. ඒ මනුස්සයා ඒ කෑම කාලා අසනීප වෙලා එදාම මැරුනා. මැරිලා උපන්නේ අර බැල්ලිගේ කුසේ. නමුත් අර පසේ බුදුරජාණන් වහන්සේ ගැනත් හිත පැහැදිලා හිටපු නිසා එදා ඉඳලා අර පසේබුදු රජාණන් වහන්සේගේ පස්සෙන් මේ බලු පැටියත් යනවා. ගිහිල්ලා ඉස්සරහින් සත්තු එනකොට කෑ ගහලා එළවනවා. ඊළඟට අනිත් අනතුරු එනකොට වළක්වනවා. දැන් කෑ ගගහ ගාඩ් කරන්නේ කාවද? අර පසේබුදු රජාණන් වහන්සේව.

ඊට පස්සේ මේ බලුපැටියට ටික ටික තේරුනා. දැන් පසේබුදු රජාණන් වහන්සේ වඩින ගේ වේලාසනින් දන්නවා මෙයා. වේලාසනින් ඒ ගෙදරට ගියාට පස්සේ ඒ ගෙදරින් කියනවා 'බලුපැටියෝ අපේ පසේබුදු රජාණන් වහන්සේට එහෙනම් වඩින්න කියාපං' කියනවා. දැන් බලුපැටියා ආයෙ පසේබුදු රජාණන් වහන්සේ ගාවට ගිහිල්ලා බුරනවා. බුරලා ඉස්සර වෙලා යනවා.

සෝෂක සිටාණන් සෝතාපන්න වුනා....

එතකොට පසේබුදු රජාණන් වහන්සේ දන්නවා මෙයා දැන් මේ දානෙට වඩින්නයි කතා කරන්නේ කියලා. ඉතින් ඔහොම වෙලා ඒ පසේබුදු රජාණන් වහන්සේ කෙරෙහි මේ බලුකුක්කගෙ හිත පැහැදිලා කාලයක් ගියාට පස්සේ මැරුනා. මැරිලා උපන්නේ දිව්‍ය ලෝකෙ. බුද්ධ කාලේ මනුස්ස ලෝකෙ උපන්නා. හඬ දෝංකාර දෙනවා. ඒ තමයි සෝෂක සිටාණන්. සෝතාපන්න වුනා ඒ ආත්මේ. එතකොට බලන්න එහෙට මෙහෙට වරදින තාලෙ.

අනේ මටත් කුරුල්ලෙක් වෙන්න ඇත්නම්....

දැන් සමහරු මේ කුරුල්ලෝ දැකලා 'ෂා... ලස්සන... අනේ අර කුරුල්ලෝ ඉන්න ලස්සන අප්පා... මටත් කුරුල්ලෙක් වෙන්නට ඇත්නම්....' එතකොට හිත පිහිටනවද නැද්ද ඒකේ? පිහිටනවා. දැන් චූටි ළමයින්ට වර්තමාන කාලේ කාටූන් ෆිල්ම් පෙන්නනවා. ඒ ළමයා ඕකේ ආසාවෙන් ඉන්නවා සත්තුත් එක්ක. දැන් ඒ ළමයාගේ හිත පිහිටන්නෙ කොයි ලෝකෙද? සත්ව

ලෝකෙ. ඒ පුංචි වයසේ ඒ ළමයි මැරුණොත් උපදින්නේ කොහේද? සතුන් අතරේ උපදින්නේ. මිසදිටු ලෝකෙ සතර අපායෙන් තොරව තැනක් නෑ යන්න.

සම්මා දිට්ඨියෙන් යුක්ත ලෝකෙ වෙනස....

බලන්න සම්මා දිට්ඨියෙන් යුක්ත ලෝකෙ කොයිතරම් වෙනස් ද කියලා. අනේපිඬු සිටුතුමාගේ මිනිබිරියක් හිටියා. මේ මිනිබිරීට මැටි වලින් හදාපු බෝනික්කෙක් ගෙනත් දුන්නා. දැන් මේ බෝනික්කා නළව නළව ඉන්නවා මිනිබිරී. දවසක් බෝනික්කා අතඇරුනා. ඊට පස්සේ මොකද වුනේ? කැඩුනා. දැන් අඬනවා අඬනවා අඬනවා.

ඊට පස්සේ අනාථපිණ්ඩික සිටුතුමා කිව්වා 'දූවේ.... දැන් මැරුනා නොවැ. අපි දැන් එහෙනම් දානයක් දෙමු' කිව්වා. බුදුරජාණන් වහන්සේට ආරාධනා කළා 'භාග්‍යවතුන් වහන්ස, මගේ මිනිබිරීගෙ බෝනික්කා මැරුනා. ඒ නිසා දානෙට වඩින්න' කියලා. එතකොට බුදුරජාණන් වහන්සේ සංඝයා සමග එක දවසක් නෙමෙයි හත් දවසක් දානෙට වැඩියා.

අද කාලේ එහෙම එකක් වුනා නම්....

අද කාලෙ නම් එහෙම කියන්න ලැජ්ජා වෙනවා නේද? සෝතාපන්න වෙච්ච එක්කෙනෙක් නේද අනාථපිණ්ඩික සිටුතුමා. එතකොට මේ පොඩි දුවගෙ මැටි බෝනික්කා කැඩුනේ. ගිහිල්ලා බුදුරජාණන් වහන්සේට ආරාධනා කළා. අද වගේ නම් ගමම හිනාවෙන්නෙ නැද්ද එකතු වෙලා? හක හක ගාලා හිනාවෙලා 'ආන් බලාපං.... උපාසකට වෙච්ච දේ.... ආන් මැටි බෝනික්කට දානෙ

දෙනවා... අන්න වඩිනවා භාග්‍යවතුන් වහන්සේ....' අද කියයිද නැද්ද? ආන්න අද මිනිස්සුන්ගේ හිත පහදවගන්න හරි අමාරුයි. අද අනුන්ව හෙලා දකින්න නම් ඕන වෙලාවක ලෑස්තියි. ගරහන්න නම් ඕන වෙලාවක ලෑස්තියි. අපහාස කරන්න නම් ඕන වෙලාවක ලෑස්තියි. දැන් ඒක එහෙම වෙලා දවස් හතක් දානෙ දුන්නා.

පුංචි අරමුණක් මුල් කරගෙන මහා පිනක් ඉපැද්දෙව්වා....

ඊට පස්සේ මේක ආරංචි වුනා කොසොල් රජ්ජුරුවන්ට. කොසොල් රජ්ජුරුවෝ කිව්වා 'ආ.. එහෙනම් මමත් ඒ මැටි බෝනික්කා වෙනුවෙන් දවස් හතක් දානෙ දෙනවා' කිව්වා. කොසොල් රජ්ජුරුවොත් දුන්නා. එතකොට බලන්න මේ පුංචි අරමුණක් මුල් කරගෙන මහා පිනක් ඉපැද්දෙව්වෙ නැද්ද? පුංචි අරමුණක් මුල් කරගෙන මහා පිනක් උපද්දවනවා.

අද සාමාන්‍යයෙන් බල්ලෙක් මැරිලා කාටහරි දානයක් දෙන්න හිතෙනවා කියමු. කවුරුත් අනුමත කරනවද අද? ගරහනවා නේද? ඒ දානයට ගරහනවා අද. ඒ පරිහානීය ලක්ෂණ. මනුස්ස වර්ගයාගේ පිරිහීම පෙන්නුම් කරන ලක්ෂණ. ඒ කාලේ මිනිස්සු දියුණුයි කියලා කියන්නේ ඒකයි ඉක්මනට ම මේ ධර්මය අවබෝධ කළේ.

පෙරේත ලෝකෙ ඉපදිච්ච භික්ෂූනුත් හිටියා....

ඉතින් ඊළඟට බුදුරජාණන් වහන්සේ දේශනා කළා. සමහර අය මරණයට පත්වෙලා ප්‍රේත ලෝකෙ

යන්නෙ. ප්‍රේත ලෝකෙ විස්තර තියෙනවා කෙළවරක් නෑ. මේ පෙරේතයින්ට සිද්ධ වෙන දේවල් ගත්තහම හිතාගන්න බෑ. ඒ කියන්නේ කර්මානුරූපවම තමයි ඒ පෙරේත ආත්මේ හැදෙන්නේ. එක සිද්ධියක් තියෙනවා ඔය පෙරේත ලෝකෙ සම්බන්ධයෙන්.

කාශ්‍යප බුද්ධ කාලේ සිල් රැකලා එක භික්ෂුවක්. නමුත් අනිත් සබ්‍රහ්මචාරීන් වහන්සේලාව කොටවලා, ගරහලා, අනිත් අයගේ ගුණ මකලා, වාසය කරලා මරණින් මත්තේ පෙරේත ලෝකෙ ගියා. කයින් ගුණ ධර්ම රැක්ක නිසා රන්වන් පාට ඇඟක්. නමුත් වචනයෙන් පව් කරපු නිසා ඌරු මූණ. ඌරු කට.

දුස්සීල වෙලා වචනෙන් පව් කරපු අය ඌරෝ වෙලා උපදිනවා....

දැන් එතකොට බලන්න ගොඩක් ඒ පෙරේතයන්ට තියෙන්නේ ඌරු කට. මේකෙන් පේනවා මේ ඌරු යෝනියේ උපදින්නේ දුස්සීල වෙලා වචනයෙන් අකුසල් කරපු අය. ඇයි ඌරු යෝනියේ ඉපදිච්ච ඌරා කන්නෙ මොනවද? කන්නෙත් අසූචි නේද? වචනයෙන් අකුසල් කරපු අය ඌරු යෝනියේ උපදින්නේ. එතකොට ඒ පෙරේතයාගේ ඇඟ රන්වන් පාටයි නෙ. ඇඟ දිලිසෙනවා. එක රහතන් වහන්සේ නමක් දැක්කා පළාතම එළිය කරා.

අද කාලේ පළාතම එළිය කරගෙන එළියක් ආවොත් අපි හිතන්නෙ කවුරු කියලද 'ආං.. ආං... දෙවිකෙනෙක් වැඩියා' කියලා කියන්නෙ නැද්ද අපි? මේ පෙරේත දණ්ඩෙක්. එතකොට ඒ පෙරේතයෙක් ඇවිල්ලා හිටියේ. ඊට පස්සේ ඇහුවා ඒ රහතන් වහන්සේ 'ඔබ

කවුද?' කියලා. 'අනේ මං පෙරේතයෙක්' කිව්වා. ඊට පස්සේ පෙන්නුම් කළා එයාගෙ ඇත්ත සරීරෙ. පෙන්නුම් කළාම ඇඟ රන්වන් පාටයි. උෟරු කට. එතකොට පේනවා ගොඩාක් වචනයෙන් අකුසල් කරපු පෙරේතයන්ට උෟරු කට තියෙන්නේ.

මඩ ගොඩේ, අසූචි නාගෙන....

එතකොට අපිට පේනවා වචනයෙන් අකුසල් කරපු අය තිරිසන් යෝනියේ උපදින්නෙ මොක්කු වෙලාද? උෟරෝ වෙලා වැඩිපුර උපදින්නේ. මඩ ගොඩේ ඉන්නේ. අසූචි නාගෙන ඉන්නේ. අසූචි ගොඩේ ඉන්නේ. ඉන්දියාවේ ගිහින් බලන්න ඕනෙ. අම්මෝ.... අසූචි ගොඬේ සත්තු ඉන්න හැටි. මෙහේ එච්චර දකින්න නෑ. අපි අර එක පළාතක ගියා සාසාරාම් කියලා. ඒ පළාතේ උෟරොත් හදනවා.

මෙහෙම පළාතක උපන්නොත්....

මිනිස්සු ඔක්කෝම බෙටි දාන්නෙ පාරේ. පාරේ දාලා නිකම් තාර තට්ටුව වගේ තියෙනවා. අපි වාහනේ යනකොට වාහනේ ටයර් වලට සිලි සිලි ගාලා විසි වෙනවා වටේට. අපි වීදුරු වහගෙන යනවා. මිනිස්සු කඩේ යනවා අයිනෙන්. මං කල්පනා කළා හප්පේ... මේ වගේ පළාතක උපදින්නත් කරුමයක් තියෙන්න ඕනෙ. මනුස්සයෙක් වෙලා උපන්නට ඇයි මේ සුභ අරමුණුද පේන්නෙ? නෑ නෙ. ඒ ජරා ගොඩේම ඉන්නවා. එතනින් චුට්ටක් එහාට වෙලා මොනවහරි පොඩ්ඩක් කනවා, ජීවත් වෙනවා, ආයෙ ඒකෙම උපදිනවා.

කණුවක ගැටගහපු බල්ලෙක් වගේ....

ඇයි එතනින් එහාට යන්න බැනෙ. හිත බැඳිලනෙ. හිතේ ස්වභාවය මොකක්ද? කණුවෙ බැඳපු බල්ලා වගේ. ඒ බල්ලාට කණුව වටේ දම්වැල තියෙන දුර විතරයි යන්න පුළුවන්. එතනින් එහා යන්න බෑ. මේ වගේ තමයි ගෙවල් වලට, ඤාතීන්ට, දරුවන්ට, තමන්ගෙ තමන්ගෙ කියලා බැඳීමක් ඇති වෙන්නෙ යමකටද, එතන්ට වෙලා ඉන්නෙ එයා. ඉතින් එහෙම ලෝකෙක තමයි අපි මේ ඉන්නේ.

බුදුරජාණන් වහන්සේ දේශනා කරනවා බොහොම පිපාසෙන් දුකට පත්වෙලා බඩගින්නෙ ඉන්න කෙනෙක් යනවා පාරක. යනකොට හම්බ වෙනවා **"තනුපත්තපලාසෝ කබරච්ඡායායෝ"** ඒ කියන්නෙ දළුකොළ අඩු, තැනින් තැන හෙවන තියෙන, ලොකු හෙවනක් නැති ගහක් තමයි කාන්තාරේ තියෙන්නේ. එතන්ට ගිහිල්ලා එයා වාසය කරනවා. ඒ කියන්නේ එයාට කිසිම සැනසිල්ලක් නැහැ.

කල්ප අනූදෙකකට කලින් සිද්ධියක්....

මීට කල්ප අනූදෙකකට කලින් ඵුස්ස කියලා බුදු කෙනෙක් පහළ වුනා. ඒ ඵුස්ස කියන බුදුරජාණන් වහන්සේගේ පියා මොකද කළේ කාටවත් දානෙ දෙන්න දුන්නෙ නෑ. ඒ බුදුරජාණන් වහන්සේට තමන්ම තමයි දිගටම දානෙ දුන්නෙ. ඒ ඵුස්ස කියන බුදුරජාණන් වහන්සේට හිටියා සහෝදරයෝ තුන්දෙනෙක්.

මේ සහෝදරයෝ තුන්දෙනා කල්පනා කළා 'මේක හරි වැඩක් නොවැ. අපට දානෙ පොඩ්ඩක් දීගන්න විදිහක්

නෑනේ. පිය රජ්ජුරුවෝ විතරයි හැමදාම දානෙ දෙන්නේ. අපි මොකක්ද මේකට කරන්නේ?' කියලා කල්පනා කළා උපායක්. කල්පනා කරලා ඈත ඉන්න යාළුවන්ට කිව්වා 'නුඹලා බොරුවට කැරැල්ලක් පටන් ගනිල්ලා. එතකොට අපි මෙහේ පැමිණිලි කරන්නම් මෙහෙම කැරැල්ලක් හටඅරං තියෙනවා' කියලා.

කඳිම උපාය....

පැමිණිලි කළා 'දේවයන් වහන්ස, අන්න අසවල් පළාතේ කැරැල්ලක් හටඅරං තියෙනවා' කිව්වා. රජ්ජුරුවො අඬගහලා පුතාලාට කිව්වා 'එහෙනම් පුතණුවෙනි, නුඹලා ගිහින් කැරැල්ල සංසිඳුවන්න' කිව්වා. ඉතින් මේ තුන්දෙනා ගියා දාහක් විතර මේගොල්ලන්ගේ සේනාවත් අරගෙන. ගිහිල්ලා ටිකක් එහෙට මෙහෙට ඇවිදලා ආවා. ඇවිල්ලා කිව්වා කැරැල්ල සංසිඳෙව්වා කියලා.

දැන් පිය රජ්ජුරුවන්ට සංතෝසයි. පිය රජ්ජුරුවෝ කිව්වා 'හරි පුතණුවනි, මට හරි සතුටුයි. නුඹලා ගිහිල්ලා වහාම මෙච්චර ඉක්මනින් කැරැල්ල සංසිඳෙව්වාට. (දැන් මේ කල්ප කීයකට කලින්ද? අනූදෙහෙකට කලින්) කැමති වරයක් ඉල්ලන්න' කිව්වා. 'එහෙනම් රජතුමනි, අපට අවුරුදු හතකට දෙන්න වරයක් බුදුරජාණන් වහන්සේට උපස්ථාන කරන්න' 'බෑ බෑ.... මගේ ජීවිතේ ගියත් මං දෙන්නෙ නෑ' කිව්වා.

එහෙනම් මාස තුනකට....

ඔහොම අඩු කරලා අඩු කරලා කිව්වා එහෙනම් අපිට අවුරුද්දකට දෙන්න. ඒත් බෑ කිව්වා. හය මාසෙකට දෙන්න. ඒත් බෑ කිව්වා. තුන් මාසෙකට දෙන්න. ආ..

එහෙනම් තුන් මාසෙකට කරන්න කිව්වා. ඊට පස්සේ ඔන්න වස් කාලේ ආවා. වස් කාලේ ආවට පස්සේ මේ කුමාරවරු තුන්දෙනා මේගොල්ලන්ගේ යාළුවෝ දාහකට කිව්වා ඉක්මන්ට ඉක්මන්ට අපි ලෑස්ති වෙමු කියලා. දැන් ඔන්න ලෑස්ති කරනවා දානෙ මේ මාස තුනේ දෙන්න. කුටි සෙනසුන් හදනවා. මහන්සි වෙනවා. එතකොට එහෙම කරලා ඒ කුමාරවරු තුන්දෙනා ඇමතිවරු පත්කළා මේ දානෙ සම්බන්ධයෙන් හොයලා බලන්න.

මේවා බුදුරජාණන් වහන්සේට පූජා කරන්න....

එතකොට එතන හිටියා එක කෙළෙඹියෙක්. කෙළෙඹියෙක් කියලා කියන්නේ මේ ගිහි ගෙදර ගත කරන එක්කෙනෙක් හිටියා. එයා පවුලත් එක්ක බොහෝම ශ්‍රද්ධාවෙන් මේකට හවුල් වුනා. ලොකු පිරිසක් හිටියා ඒගොල්ලන්ගේ ඤාති. ඒ පිරිස එකතු කරලා දානෝපකරණ හැදුවා. හදලා ඤාතීන්ට දුන්නා ඵුස්ස බුදුරජාණන් වහන්සේ වෙනුවෙන් අපි මේ දාන උපකරණ ටිකක් හරි ගැස්සුවා. මේ ටික ඒ බුදුරජාණන් වහන්සේගේ දානෙට ගෙනිහින් දෙන්න කියලා හාල්, පොල්, පරිප්පු, එළවළු වර්ග ඔක්කොම හරි ගස්සලා නෑදෑයන්ට දුන්නා.

මැරිලා නිරයේ උපන්නා....

ඒගොල්ලෝ එකොළොස්දාහක් ඔක්කොම පිරිස. මේ ඤාතීන් ඒක අරගෙන ඇවිල්ලා කල්පනා කළා අනේ මොකටද දානෙ. ඔන්න හිතුවා. මේ බුදුරජාණන් වහන්සේලාට කවුරුත් කන්න දෙනවා. අපි කෑවද බිව්වද

නැද්ද කියලා කවුරුත් අහන්නෙ නෑ. අපි කමු කියලා කෑවා. දැන් ඔන්න කාලය ගෙවිලා ගියා. අර පිරිස නිරයේ ගියා. නිරයේ විඳලා විඳලා ආවා. අර පුතාලා තුන්දෙනා එයයි දාහක පිරිසයි ඒගොල්ලෝ දෙවියන් අතරට ගියා. අනිත් අයත් දෙවියන් අතරට ගියා.

කාශ්‍යප බුද්ධකාලේ ආවා....

දැන් කල්ප ගාණක් විඳවලා විඳවලා ඔන්න කාශ්‍යප බුද්ධ කාලේ ආවා. එතකොට ඒගොල්ලොත් නිරයේ ඉඳලා පෙරේත ලෝකෙට ඇවිල්ලා පෙරේත ලෝකෙ විඳිනවා වතුරවත් නෑ. කල්ප ගාණක් ගිහින් ගිහින් ගිහින් කාශ්‍යප බුද්ධ කාලේ බුදුරජාණන් වහන්සේට කිව්වා අනේ ස්වාමීනී, අපිත් පින් ගන්න ආසයි. අපිටත් දානෙ ටිකක් පූජා කරවලා පින් ගන්න පිළිවෙළක් හදන්න කිව්වා.

කාශ්‍යප බුදුරජාණන් වහන්සේ වදාළා පෙරේතයිනි, නුඹලාට දැන් ම පින් ගන්න බෑ කිව්වා. නුඹලාට එදා දානෙට හාල් බඩු එකතු කරලා දීපු එක්කෙනාම පින් දෙන්න ඕනෙ කිව්වා. වෙන කෙනෙකුගෙන් නුඹලට පින් නෑ කිව්වා. දානෙට බඩු මුට්ටු එකතු කරලා දීපු කෙනා ගෞතම බුදුරජාණන් වහන්සේගේ කාලේ බිම්බිසාර කියලා උපදියි. ආන්න එතකොට පින් ගන්න කිව්වා.

පුණ්‍ය මහිමය....

ආයෙ බලන් හිටියා. දැන් බලන්න වෙන දේ නේද? ඔන්න දැන් අර දිව්‍ය ලෝකෙ හිටපු කුමාරවරු තුන් දෙනා යාළුවොත් එක්ක ගෞතම බුද්ධ ශාසනය පහළ වෙනකොට මෙන්න මනුස්ස ලෝකෙ උපදිනවා.

කවුද ඒ? උරුවේල කාශ්‍යප, නදී කාශ්‍යප, ගයා කාශ්‍යප දාහක පිරිවර ඇතුව. අන්න හාල් බඩු දීපු එක්කෙනා උපදිනවා බිම්බිසාර. බිම්බිසාර රජ්ජුරුවෝ දානෙ දෙනවා, වේළුවනාරාමය පූජා කරනවා.

වේළුවනාරාමෙ පූජා කරපු රෑ මහා බිහිසුණු විරූපී ශරීර ඇතුව මේං ජනේලෙන් ඔළුව දානවා. වහලෙන් ඔළුව දානවා. රජ මාලිගාවේ හැම තැනින්ම බිත්ති වලින් රිංගගෙන ඔළුව දදා සද්ද කරනවා. අපිට කෑම දීපං කියලා. එදා නින්ද ගියේ නෑ රජ්ජුරුවන්ට. රජ්ජුරුවෝ පහුවදා ගිහිල්ලා බුදුරජාණන් වහන්සේට කියා සිටියා මෙන්න මෙහෙම එකක් වුනා භාග්‍යවතුන් වහන්ස කියලා.

කල්ප අනූදෙකකට පසු සාපිපාසා සන්සිඳුවා ගත්තා....

ඊට පස්සේ කිව්වා මෙහෙමයි ඔබේ ඥාතීන් කිව්වා ඔය. කල්ප අනූදෙකකට කලින් ඔබ ඔය ඥාතීන්ට දානෝපකරණ දුන්නා ඵුස්ස බුදුරජාණන් වහන්සේට දෙන්න කියලා. ඥාති ටික ගසා කෑවා කිව්වා. ඒ වැරැද්ද ඔය ගෙනියන්නේ. දානෙ දීලා පින් දෙන්න දැන් පින් ගන්නවා කිව්වා. ඊට පස්සේ එදාම දානෙට ආරාධනා කළා. අනේ එහෙනම් ස්වාමීනී, දවල් දානෙට වඩින්න කියලා පන්සිය නමකට.

වැඩියට පස්සේ පැන් එක අතට අරගෙන බිම්බිසාර රජ්ජුරුවෝ 'මාගේ ඥාතීන්ට පින් පිණිස මේ පැන් පූජා කරමි' කියලා බුදුරජාණන් වහන්සේට පූජා කළා විතරයි පැන් පොකුණු පහළ වුනා. මේ පෙරේතයෝ ටික දඩිබිඩි ගාලා පැන්නා පොකුණු වලට. පැනලා දැන් හෝ

ගාලා නානවා, වතුර බොනවා. ඇයි දැන් කල්ප කීයක්ද පිපාසෙන්. අපිට දවසක් පුළුවන්ද පිපාසෙන් ඉන්න. කල්ප අනූදෙකක් පිපාසෙන්. වතුර නාලා, හොඳට පැන් බීලා, ඔන්න දැන් සන්තෝස වුනා.

මියගිය ඥාතීන්ට පින් දීම....

එවෙලේ බුදුරජාණන් වහන්සේ ඉර්ධි බලයෙන් මේ ඔක්කොම පේන්න සැලැස්සුවා රජ්ජුරුවන්ට. ඊට පස්සේ දානෙ පූජා කරනවා 'අනේ ස්වාමීනී, මගේ ඥාතීන්ට පින් පිණිස මේ දානය පූජා කරමි' කියලා පූජා කළා විතරයි මේන්න පේනවා දිව්‍ය ආහාරපාන පහළ වෙලා. ඊට පස්සේ ඔන්න සිවුරු පූජා කරනවා. පූජා කරනකොට පේනවා දැන් අර පෙරේත රූපේ නෑ. ඔක්කොම දෙවිවරු.

බලන්න මේ පුදුම සහගතයි නේද කර්ම කර්මඵල විපාක දෙන හැටි. අපි හිතන්නේ අද පෙරේතයා උපන්නා. හෙට නිදහස් කියලා. දැන් දැක්කද වෙච්ච දේ. ඒ අදාළ කෙනාම එනකම් හිටියනෙ පෙරේත ලෝකෙ. කාශ්‍යප බුද්ධ ශාසනයෙත් බැරුව ගියා. ඔය වගේ කොච්චර නම් ඉන්නවා ඇද්ද?

මිනිස් ලොව ගැන උපමාව....

ඊට පස්සේ බුදුරජාණන් වහන්සේ පෙන්වා දෙනවා. පිපාසිත මනුස්සයෙක් පාරක යනවා ග්‍රීස්මයට අහුවෙලා. යනකොට හොඳ සීතල ඡායා තියෙන හෙවන තියෙන ගහක් හම්බ වෙනවා. එයා ඒ ගහ යටට වෙලා ගිමන් හරිනවා. දැන් ඔන්න අපි ඒ ගහ යට ඉන්නෙ.

මොකක්ද ඒ? මනුස්ස ලෝකෙ. අපි මේ හොඳ හෙවන තියෙන ගහක් යටට ඔන්න දැන් ඇවිල්ලා ගිමන් හරිනවා. මේ ගහ යටින් අපිට යන්න වෙනවා. යන තැන තීරණය කරන්නෙ කවුද? අපේ කයින් යමක් කෙරුනාද, අපේ වචනයෙන් යමක් කියවුනාද, සිතෙන් යමක් සිතුනාද ඒක හදලා දෙයි පාර. එහෙමනෙ වෙන්නෙ.

දෙව්ලොව ගැන උපමාව....

ඊට පස්සේ බුදුරජාණන් වහන්සේ දේශනා කරනවා තවත් පිපාසිත මනුස්සයෙක් බොහොම අමාරුවෙන් ඔහොම යනකොට පේනවා හොඳට ජනෙල් දොරවල් තියෙන, හොඳට මුදුන් වහල හදාපු, ලස්සන ගෙයක්. එතකොට මේ ලස්සන ගේ තිබුණට වැඩක් නෑ. බොන්න වතුර නෑ. දැන් අතනට ගියාට ගහ යට හිටියට එයාට බොන්න වතුර නෑ. මේ ලස්සන ගෙට ගිහිල්ලා මෙයා වාසය කරනවා. ඒ වගේ තමයි කියනවා දෙවියන් අතරට යෑම.

නිවනට උපමාව....

ඊළඟට බුදුරජාණන් වහන්සේ දේශනා කරනවා තව පිපාසිත ග්‍රීස්මයෙන් පීඩිත කෙනෙක් යනකොට හම්බ වෙනවා ලස්සන වනාන්තරයක්. මේ වනාන්තරේ හොඳ පැන් පොකුණක් තියෙනවා. දැන් පිපාසිත එක්කෙනාට ඕනෙ ඔය දෙක නේද? පිපාසයෙන් ඉන්න කෙනෙක් අපි මාලිගාවකට එක්කගෙන ගියත් එයාගේ පිපාසෙ සන්සිඳෙන්නෙ නෑ.

ඒ වනාන්තරය මැද තියෙන පැන් පොකුණට ගිහිල්ලා, හොඳට වතුර නාලා, පැන් බීලා, හොඳට අතපය

දිග ඇරලා, අර ගස් සෙවනේ හාන්සි වෙලා ඉන්නවා. ඒ වගේ කියනවා බුදුරජාණන් වහන්සේ පෙන්වා දීපු මාර්ග යේ ගිහිල්ලා කෙනෙක් සෝවාන් වෙනවා. සකදාගාමී වෙනවා. අනාගාමී වෙනවා. රහත් වෙනවා. ඒ රහතන් වහන්සේ කවුරු වගේද? අර පැන් වළඳලා පිපාසෙ සන්සිඳුවාගෙන සනීපෙට ඉන්න කෙනා වගේ කියනවා.

පරිපූර්ණ සංසිඳීම....

දැන් ඒකෙන් අපට පේන්නෙ මොකක්ද? මනුස්ස ලෝකෙ අපි මේ කාලා බීලා හිටියට ඇත්ත වශයෙන්ම හැබෑ ලෙසම අපි සන්සිඳෙන්නෙ මේ රාග ද්වේශ මෝහ නැති කරපු දවසට. කෙලෙස් නැති කරපු දවසට. සක්කාය දිට්ඨියෙන් නිදහස් වෙලා යන දවසට. එතෙක් මේ අනතුර තියෙනවා. දිව්‍ය ලෝකෙ ගියත් බ්‍රහ්ම ලෝකෙ ගියත් චතුරාර්ය සත්‍යය ධර්මය අපිට අල්ල ගන්න බැරි වුනොත් අනතුර තියෙනවා.

එතකොට මේ අනතුරෙන් මිදෙන්න අපි කරන්න ඕනෙ මොකක්ද? චතුරාර්ය සත්‍යය ධර්මාවබෝධයට උපකාර කරන ප්‍රඥාව ඇති කරගන්න උදව් වෙන ධර්මය අපි අහලා ඉගෙන ගෙන ටික ටික ඒක තේරුම් ගන්න එකයි. අනිත්‍ය දේ අනිත්‍ය වශයෙන්, දුක් දේ දුක් වශයෙන්, අනාත්ම දේ අනාත්ම වශයෙන්, ටික ටික තේරුම් ගන්න එකයි.

ධර්මයට ආසා කරපු කෙනා දිව්‍ය සැපයට මුළාවෙන්නෙ නෑ....

මේ විදිහට තේරුම් අරගෙන, ආර්ය සත්‍යාවබෝධයෙහි සිත පිහිටුවාගෙන, අපි කියමු දෙවියන්

අතරට අපි ගියා කියලා. ආර්ය සත්‍යාවබෝධය කරන්න ඕනෙ කියන අදහසින් ගියොත්, දෙවිවරු කතා වුනොත් 'ඔන්න ලබන පෝය එනවා. පෝයට දිව්‍ය සභාව රැස් වෙනවා. මේ දිව්‍ය සභාව තුළ ධර්ම කතාව කරන බ්‍රහ්ම රාජයෙක් ඇවිල්ලා ධර්මය කියනවා. යමං අහන්න' කිව්වොත් එයා යයිද නැද්ද? යනවා.

ඇයි හේතුව? එයා ධර්මයට ආසා කිරීම පුරුදු කරපු නිසා. ධර්මයට ආසා කිරීම පුරුදු කරලා නැත්නම් එහෙම වෙන්නෙ නෑ. සාමාන්‍යයෙන් අපි ගත්තොත් මනුස්ස ලෝකෙ අවුරුදු සීයක් තව්තිසාවේ එක දවසයි. ඒකෙ තියෙනවා උදේ ගහට නැග්ගා මල් කඩන්න. නැගලා හවස බහිනකොට අවුරුදු කීයක් ගෙවිලද? අවුරුදු සීයක් ඉවරයි.

වැඩකටයුතු නැවැත්තුවා කියලා ප්‍රමාදය නැතුව යන්නෙ නෑ....

ඉතින් ඒ නිසා 'අපි දැන් මල් කඩාගෙන යන්නම්.... අපි පස්සේ බණ අහන්න එන්නම්... අපි යාළුවෙක්ගේ ගෙදර යනවා.... මෙහෙම කල්පනා කර කර හිටියොත් එහෙම දෙවියන් අතරට ගිහිල්ලා මොකද වෙන්නෙ? දන්නෙම නෑ ආයේ එතනින් චුත වෙනවා. ඒකට හේතු වෙන්නෙ මොකක්ද? ප්‍රමාදය.

මෙහෙත් අපිට කුසල් දහම් වඩන්න තියෙන ප්‍රධානම බාධකය මොකක්ද? ප්‍රමාදය. ප්‍රමාදය කියන්නෙ බාහිර කෙනෙක් ඇති කරන එකක් නෙමෙයි. තමන් විසින් හදාගන්න එකක් ප්‍රමාදය. ඒ කියන්නෙ දැන් ප්‍රමාදය කියන එක වැඩ කටයුතු නැවැත්තුවා කියලා නැතුව

යන්නෙ නෑ. දැන් සමහර කෙනෙක් කල්පනා කරනවා අනේ මට මේ කරගන්න බැරි මං පැන්ෂන් ගියේ නැති නිසා. ඔන්න කල්පනා කරනවා.

ගත පැන්ෂන්.... හිත ලෑස්ති නෑ....

ඊට පස්සේ මොකද කරන්නේ? දැන් එයා කොයි කාලෙද හිතාගෙන ඉන්නෙ මේ ධර්මයේ හැසිරෙන්න? පැන්ෂන් ගියාම. ඊට පස්සේ ඔන්න එයා ඔහොම ඉඳලා පැන්ෂන් යන්න ළං වෙලා පොත් ටික ලෑස්ති කරගෙන ඔක්කොම ලෑස්ති කරන් ඉන්නවා. දැන් ඔන්න පැන්ෂන් ගියා. ඊට පස්සේ හිත ලෑස්ති නෑ. ගත පැන්ෂන්. හිත ලෑස්ති නෑ. ඊට පස්සේ මොකද කරන්නෙ?

ඊට පස්සේ එයා කල්පනා කරනවා. හරි වැඩක් නොවැ. මං ඉස්සර රස්සාවට යන කාලේ කෝච්චියෙත් මං පොත බල බල යනවා. බස් එකෙත් පොත බල බල යනවා. බෑග් එකේ මං දහම් පොත දාගෙන හිටියා. මං ඉවසගෙන ධර්මය පුරුදු කළා. දැන් මට මේ විවේකය තියෙනවා. මේක කොරගන්න බෑ නොවැ. එහෙම වෙනවාද නැද්ද? වෙනවා.

ප්‍රමාදයේ හානි කල්පනා කරන්න ඕන....

වැඩ නැවැත්තුවා කියලා ප්‍රමාදය නැති වෙන්නෙ නෑ. අප්‍රමාදය ඇති වෙන්න නම්, ප්‍රමාදය නැති කරගන්න නම්, ප්‍රමාදයේ හානි කල්පනා කරන්න ඕන. මෙනෙහි කරන්න ඕනි. මහානාම ශාක්‍යයා බුදුරජාණන් වහන්සේගෙන් අහනවා භාග්‍යවතුන් වහන්ස, මං භාග්‍යවතුන් වහන්සේව ආශ්‍රය කරලා, මනෝභාවනීය සංඝයාව ආශ්‍රය කරලා, මම කපිලවස්තු නගරයට යනවා.

ගියාම මට මේ හරි කලබලෙන් යන ඇත්තු මූණ ගැහෙනවා. හරි කලබලෙන් යන අස්පයො මූණ ගැහෙනවා. හරි කලබලෙන් යන රථ මූණ ගැහෙනවා. මහා කලබලකාරී මිනිස්සු මූණ ගැහෙනවා. හරි දැන් කියන්න අපිට හරි කලබලෙන් යන වාහන මූණ ගැහෙනවාද නැද්ද? කලබලෙන් යන මෝටර්සයිකල් මූණ ගැහෙනවාද නැද්ද? කලබලෙන් යන බයිසිකල් මූණ ගැහෙනවාද නැද්ද? කලබලෙන් යන ස්ත්‍රී පුරුෂයො මූණ ගැහෙනවාද නැද්ද? මූණ ගැහෙනවනෙ.

ඒ වගේ වෙලාවක මම මැරුණොත්....

ඉතින් මහානාම ශාක්‍යයා කියනවා. අනේ ස්වාමීනී, ඒ වෙලාවට මට භාග්‍යවතුන් වහන්සේ ගැන හිතන්න වෙලාවක් නෑ කියනවා. මට මනෝභාවනීය භික්ෂූන් වහන්සේලා ගැන ඒ වෙලාවට මතක් වෙන්නෙ නෑ. මේ කලබලකාරී පරිසරයට මාත් කලබල වෙලා යනවා කියනවා. අපිට වෙනවාද නැද්ද මේක? වෙනවා. ඊට පස්සේ කියනවා ස්වාමීනී, ඉතින් මං කල්පනා කළා ඒ වෙලාවට මං මැරුණොත් මට පාඩුවක් වෙයිද? අලාභයක් වෙයිද? මට අසතුටු කාරණයක් වෙයිද?

මහානාමය, භය වෙන්න එපා....

එතකොට බුදුරජාණන් වහන්සේ වදාළා මහානාමය, භය වෙන්න එපා කිව්වා. ඔබ බුදුරජාණන් වහන්සේව සරණ ගියා. ඔබ ධර්මය සරණ ගියා. ඔබ ශ්‍රාවක සංඝයාව සරණ ගියා. ඔබ ආර්යකාන්ත සීලයේ පිහිටියා. ඔබ වගේ කෙනෙක් දුගතියේ යන්නෙ නෑ කිව්වා.

බුදුරජාණන් වහන්සේ සරණ ගිය බව අපේ හිතේ කාවැදිලා තියෙන්න ඕනෙ එකක්. ධර්මය සරණ ගියා

කියන එක කාවැදිලා තියෙන්න ඕනෙ එකක්. ශ්‍රාවක සංඝයා සරණ ගියා කියන එක කාවැදිලා තියෙන්නෙ ඕනෙ එකක්. එහෙම හිතේ කාවැදිලා තියෙන වෙලාවට මොන බරපතල අවස්ථාවක් ආවත් ඒක හිතට යනවා. ඒක කාවැදිලා නැත්නම් මොකද වෙන්නෙ? බරපතල අවස්ථාවක් ආවොත් පැටලෙනවා.

දොර රෙද්දත් අරන් දිව්වා....

අර සේරුවිල අපි ඉන්න කොට කොටින්ගෙ කාලේ ඉස්කෝලෙ හාමුදුරු කෙනෙක් හිටියා එක කාමරේක. අපි හිටියා එක කාමරේක. එතකොට මමයි තව හාමුදුරු කෙනෙකුයි හිටියා. ඒකේ ඇඳවල් දෙකක් තිබුනා. මම ඇඳේ වාඩිවෙලා කතා කර කර හිටියා අනිත් හාමුදුරුවොත් එක්ක. මං හිතන්නේ නමය හමාරයට දහයට විතර ඇති උදේ.

දඩිං ගාලා බෝම්බයක් පිපිරුවා. මුළු පන්සල් ගේම හෙල්ලිලා ගියා. එතකොට තව ළමයෙක් අන්න කොටි ගහනවෝ කියලා කෑ ගහගෙන ගියා. ගියහම ඉස්කෝලෙ හාමුදුරුවෝ හිටියේ සිවුර ඇඳ උඩ තියලා පුටුවේ වාඩි වෙලා මොකක් හරි කර කර හිටියේ. ඉස්කෝලෙ හාමුදුරුවෝ කලබල වුනා. එළියට පැන්නා. බැලුවා සිවුර ගන්න වෙලාවක් නෑ, දොර රෙද්ද තිබ්බෙ. දොර රෙද්ද ඇදලා ගත්තා. දොර රෙද්දත් අරන් දිව්වා.

කලබල වුනහම මුකුත් හිතාගන්න බෑ....

දැක්කද කලබලේ. මට එක පාරටම පිපාසයක් ආවා. මං බැලුවා. මට පිපාසයි. පිපාසෙන් දුවන්නත් බෑ.

මං දුවලා දාන ශාලාවට ගිහිල්ලා හොඳට පැන් එකක් වැළඳුවා බඩ පිරෙන්න. මං බැලුවා දැන් මැරෙනවා නම් වතුර බීලම මං මැරෙනවා කියලා. ඊට පස්සේ බැලුවහම කලබලයක් නෑ. නිශ්ශබ්දයි.

බැලුවයින් පස්සේ දැන් අපේ නායක හාමුදුරුවෝ ඉස්සරහට යනවා බලන්න මොකක්ද කියලා. එතකොට අපිත් ඇතුලේ. දැන් ඉස්කෝලෙ හාමුදුරුවෝ නෑ. හොයනවා හොයනවා නෑ. එන්න විදිහක් නෑ. ඇයි හේතුව? සිවුර නෙමෙයිනෙ අරන් ගියේ. අරන් ගියේ මොකක්ද? දොර රෙද්ද. ඊට පස්සේ අපි සිවුරක් යැව්වා. ඊට පස්සේ සිවුර පොරවගෙන ආවා.

කලබලේ නිසා රියඅනතුරු පවා වෙනවා....

දැන් බලන්න මං මේකෙන් ඉගෙන ගත්තෙ මොකක්ද මේ? හදිසියේ එක පාරට කලබල වෙච්ච ගමන් මොකක්ද කියලා හිතාගන්න බෑ. ගොඩක් ඔය වාහන ඇක්සිඩන්ට් වෙනවනෙ කලබලේ නිසා. ඇයි පාගන්න තියෙන්නේ බ්‍රේක් එක. පාගන්නෙ බ්‍රේක් එක නෙමෙයි. ඇක්සලේටරේ පාගන්නෙ. එතකොට තවත් ගිහිල්ලා හැප්පෙනවා. ඒ කලබලේට වෙන්නේ.

තමන් තෙරුවන් සරණ ගිය බව හිතේ කාවැදිලා තියෙන්න ඕනෙ....

ඉතින් ඒ නිසා ධර්ම මාර්ගයේ යන කෙනෙකුට ඒ කියන්නෙ අපි කාටත් හිතේ කාවද්දගෙන තියෙන්න ඕනෙ එකක් තමයි බුදුරජාණන් වහන්සේ සරණ ගියපු කාරණය. ධර්මය සරණ ගියපු කාරණය. ශ්‍රාවක සංඝයා

සරණ ගියපු කාරණය. මේක කාවැදිලා නොතිබුණොත් මේක හිතෙන් මැකිලා යනවා. මැකිලා ගියොත් අපිට මතක් කරගන්න බෑ කලබල වෙච්ච වෙලාවට සරණ. සරණ මතක් කරගන්න බැරි වෙච්ච වෙලාවට එන්නේ මොකක්ද අර දොර රෙද්දේ එල්ලුනා වගේ මොකක්ද වෙන්නේ? ආවේ මොකක්ද අරමුණ ඒකේ එල්ලෙනවා.

හිතේ ස්වභාවය මේ වගේ එකක්....

ඇයි හිතේ ස්වභාවය නදී සූත්‍රයේ බුදුරජාණන් වහන්සේ විස්තර කරනවනේ. නදී සූත්‍රයේ විස්තර කරනවා ඔන්න ගංගාව පල්ලෙහාට ගහගෙන යනවා. යද්දී ගංගාව දෙපැත්තේ වතුර පාරට අහුවෙලා තියෙන ගස්කොලන් තියෙන්නේ කොයිවිදිහටද? වතුර පාරටම නේද නැමිලා තියෙන්නේ? එතකොට කවුරු හරි කෙනෙක් ගඟේ ගහගෙන ගියොත් එයා අල්ලන්නේ මොකක්ද? අර වතුරට නැමිලා තියෙන ගස්මයි නේද?

මේ විදිහ තමයි අපේ හිතේ ස්වභාවය. යමක් තිබුනාද ඒකේ තමයි අපි එල්ලෙන්නේ. එතකොට අපි එල්ලෙන්න ඕනෙ තිසරණයේ. තිසරණය සරණ පිහිට කරගන්න නම් හිතේ ඒක කාලයක් හොඳට කාවැද්දලා තියෙන්න ඕනෙ. ඒකට තමයි අපි විස්තර කර කර මේවා කියාදෙන්නේ. ඉතින් ඒ නිසා අද දවසේ මේ ධර්මය ඉගෙන ගෙන මේ රැස් කළ පින් බලයෙන් අපට ධර්මය අවබෝධ කරගන්න වාසනාව ලැබේවා!

සාදු! සාදු!! සාදු!!!

❀ ❀ ❀

මහාමේඝ ප්‍රකාශන

21. නන්ද මහරහතන් වහන්සේ

- **ඉංග්‍රීසි භාෂාවට පරිවර්තනය වී ඇති ධර්ම දේශනා ග්‍රන්ථ :**

- **ඉංග්‍රීසි භාෂාවට පරිවර්තනය වී ඇති සදහම් සිතුවම් පොත් :**

01. Chaththa Manawaka
02. Sumana the Novice monk
03. Stingy Kosiya of Town Sakkara
04. Kisagothami
05. Kali She-devil
06. Ayuwaddana Kumaraya
07. Sumana The Florist

www.ingramcontent.com/pod-product-compliance
Lightning Source LLC
Chambersburg PA
CBHW062113040426
42337CB00042B/2010